政治与美德

悠斋书序及其他

万俊人 著

北京师范大学出版集团
BEIJING NORMAL UNIVERSITY PUBLISHING GROUP
北京师范大学出版社

万俊人

清华大学人文学院院长，教育部长江学者特聘教授，中国伦理学会会长。主要从事伦理学和政治哲学研究。主要代表作有《现代西方伦理学史（上、下卷）》（2011）、《寻求普世伦理》（2009）、《正义为何如此脆弱》（2012）、《伦理学新论》（1994）等，代表译作有《道德语言》（1999）、《政治自由主义》（2011）等。

新知自成盛世，道德原本仁人

——韓東屏教授以人本道德論出新著小序

壬辰初春，京都尚留殘寒，然庭前已見一抹新綠。心境漸闊間，候接武漢學友韓東屏先生電函，欣悉其新著玉成，囑吾序唱。次日即接其文稿快遞，展卷讀之，如飲老窖，醍醐灌頂，欲罷而弗能矣。之所以如此，絕非吾意展春溪而已，實乃韓兄之說足以動衷縈懷，讓我不禁鼓呼，當即提筆於述感慨。

作爲同仁老友，余所欲書者有二：一爲韓著之新，確如其爲副題所示之一種新倫理學也；二因韓兄與我等一代倫理學人之學術際遇暨學術情誼。世道滄桑，學途坎坷，感慨何其綿綿！以人本中論道德倫理，原本古典經義。孔子以仁學而言美德，仁學即人學，故成仁即成人。然則不知何故，以此確論卻時遇質疑。先遭"文革"之物非人非；而後又逢商業大潮洶湧浩蕩，物是人非。幸至今日，朝野終契於以人爲本之理念，物是人是，終付期許。值此時刻，韓兄重申人本道德，不獨欣逢其時，而且盡可放言闊論。確乎，韓兄不僅蓄有苦經的理論勇氣和執着，言人之所不敢言，而且依然慧眼獨到，言人之所未曾言。如：人本道德原則之强調；又如：從道德之進化與退化間探討人類道德之悲喜劇及其發生和意味；諸如此類，不勝枚舉。概而言之，韓兄是書，啟思甚力，運思更近乎邏輯性，或思便新見迭出焉。

韓兄之勇與執，在吾等一代倫理學人中是極為突出的，早年曾參與肖雪慧教授主編的《守望良知》等新銳之作的合作，那時便有放言不羈之勇。風雨經年，初心不改。回首當年，瀾生、雪慧、東屏等學兄均不乏開荊辟莽之壯舉，於玄所論者當不容我說。然而其理論探索之勇氣和精神卻是當今倫理學新人所應努力學習的。让人殊為感嘆者莫過於他們中的一些人已消逝江湖或不再過問春秋几何。韓兄乃以教窮經皓首者。今其新著付梓，負為同行相知敢不唱和？！我是之故，一俟奉命，吾便即書如上，以為唱序。嗚呼記之。

萬俊人 壬辰夏京郊悠齋。

目录

我们为何需要政治哲学

摆在您面前的是我和道友们一起努力推出的“政治哲学丛书”，如果您步入书店选购书籍的目的不仅仅是为了获取某种专门的知识信息，而且还想通过语言、图画或符号的阅读，进入我们共同生活于其间的生活世界，那么，很可能您对这套“政治哲学丛书”的阅读，还会或多或少地满足您阅读和了解生活世界的愿望。因为，我们和出版社共同编辑出版这套丛书的唯一愿望，正在于使读者在获取政治哲学之前沿学科知识的同时，也能够获取一些有关我们这个世界的生活信息，尤其是那些关乎我们社会生活之重大问题的政治信息，虽然我们努力的结果也许并不一定全部达成我们最初的愿望。

一

在当今国内林林总总的“丛书”书丛中，以“政治哲学”命名者似乎少见。而且，在我国现行的高等教育之学科体制的设置中，“政治哲学”一直都没有取得合法的学科名分：在“政治学”一级学科的名目下没有“政治哲学”，在“哲学”一级学科(甚至是学科门类)的名目下，同样没有“政治哲学”，尽管从事这两门学科教学和学习的师生们很早就或多或少地(而且，近年来则越来越充分地)意识到，这一学科设置的缺陷有可能，甚或实际上既大大减弱了我国的哲学研究的现实关切能力和参与能力，也降低了我们的政治学研究和教学的理论水平。然而，无论是政治学还是哲学，从来都不可能省略政治哲学的现实关切而超然于社会政治生活之外，也无法逃避对社会政治问题的哲学追问。

作为古希腊文明的两个最伟大的文化发明——关乎高尚灵魂和精神的哲学与关乎健壮体魄和肉体的奥林匹亚运动会——之一，哲学自她诞生之初起便将社会政治生活(城邦—国家)作为其最重要的辩证与反思课题：关于人类外部世界的惊异和探究与关于人类自身生活世界的困惑和探究，同样都是考验人类“爱智”(即“哲学”，“philosophia”)能量和求智意义的基本课题。作为西方第一位“百科全书式的学者”，伟大的哲学家亚里士多德在开始对人类知识的学科分类时，便明确地划分和界定了“哲学”的知识谱系。其中，政治与伦理成为两门研究人类之善的基本哲学分支，分别探究人类社会(城邦—国家)的政治大善与人类个体美德的小善。进至中世纪，政教合一，神道一统，“上帝之城”虽然高居“世俗之城”之上，然而，上帝制定的“自然法则”和“自然秩序”既是“上帝之城”的神圣秩序，也是“世俗之城”的必然秩序，它上俯天意，下辖芸芸众生。近代启蒙运动变革世界和创新人道观念的诉求，直接指向了社会基本结构和政治制度的根本转变，政治与革命便一度成为“哲学的中心主题”。无论是近代社会契约论者还是非(反)社会契约论者，无论是启蒙思想家还是以其他名义思考的思想家，尽管他们各自的思想理路与政治目标相互见异，但对现代国家民主政治的理论吁求和哲学反思却不约而同：自由民主成为新的政治理念和理想，并被赋予各种不同的哲学证明。

我国传统文化虽以道德伦理见长，然而，无论是先秦诸子百家还是其后历代诸学的演变和发展，从来都未曾丝毫轻视和忽略国家政治生活的大道，儒家标示的“八目”更是把对外部世界的认知把握与人类内在世界的体认修养相互融贯，最终指向“治国平天下”的“政”(正)“治”目标。“格物”在“致知”，“诚心”在“正意”，“治国”在最终实现“天下平”的伟大志向。尽管人们对于“政治儒家”的论理言路与实践方式仍心存余悸，且对儒家之“道德政治化”或“政治道德化”的基本主张多持批评态度，但儒家乃至整个中国传统文化对国家政治的持续而强烈的关切姿态和丰富的理论探究成果，仍然值得我们尊重。我们的先贤们运用他们独特的理智和经验建构了“中国特色”的中国政治哲学范式。

或可说，政治与哲学从来就自然而必然地相互交织着，构成了人类反思自我生活世界中政治社会的重要向度和智慧结晶，只是到了现代，由于人们对社会政治的公共结构转型和哲学自身过度的现代认知主义诉求，才使得政治与哲学的原始关联发生动摇和改变，以至于政治哲学在现代性的哲学语境中成为一个有所存疑的概念。西方著名现代政治哲学(史)家列奥·施特劳斯在其《什么是政治哲学?》和《现代性的三次浪潮》两篇文章中,先后指正并提醒人们深刻地反省西方政治哲学的衰败历程:自文艺复兴时期意大利政治思想家马基雅维利的“权力(术)政治学”开始,西方政治哲学便经历了三次“现代性思潮”的连续冲击。马基雅维利把人类对政治主题的哲学追问变成了一种地地道道的追逐政治权力的势力游戏,甚至是纯粹的玩弄政治权术的竞争技巧。18世纪的卢梭一面高喊着自由和人权,一面却又吁求强大的“社会公意”的政治集权,结果使政治的哲学言说蜕变为一种浪漫主义政治与理想主义道德的混杂物。而19世纪末期的尼采似乎真的成了西方经典政治哲学的末日,“权力意志”或“强力意志”成了人类政治与道德的唯一目标。

如果我们再仔细审查一下这一思想演进过程中曾经出现的霍布斯的“自然权利政治学”和洛克的“财产政治学”,那么就更容易看出,由柏拉图、亚里士多德所奠立的古典政治哲学模式实际上已然被权力或权力技术、财富、力量和个人主义的政治意愿等非道德的政治关切所消解,其间最为关键也最为要害的问题正在于,近代以降的西方政治家、政治思想家和法学家们越来越相信并最终皈依了这样一种“现代性”的理念,“把恺撒的还给恺撒,把耶稣的还给耶稣”。换句话说,现代人最终似乎成功地将政治与道德隔离开来,朝着所谓“政治中立”或“无道德的政治”义无反顾地前进着，仿佛在不断接近现代人所坚信不疑的进步主义理想目的。然而，正是这种单向度的政治思维最终断送了政治哲学本身，使其在现代政治思想语境中不再可能，也难以可能。

也许，我们不应完全听信施特劳斯先生对“现代性思潮”的政治哲学史反思，更不必全盘接受他关于政治哲学已无可能的理论诊断，但我们的确需要重新思考如下一些问题：究竟何谓政治哲学？我们需要何种政治哲学？我们为何需要政治哲学？由于前所备述的我国哲学学科之高等教育体制设置的政治哲学缺席，尤其是面临建设社会主义“政治文明”这一当代使命，中国当代哲学以至当代整个中国政治社会对这些问题的解答，很可能显得格外紧迫和突出，其知识价值和实践意义当然也就更加重大。

仍然按照施特劳斯先生的解释，所谓政治哲学，既不同于“政治学”本身，也不同于诸如“政治理论”“公共行政管理科学”一类，因为它不是关于“政治事务”和“政治治理技术”的研究，而是关于“政治事务之本性”的研究，因而它不可避免地要涉及有关政治之善恶好坏、政治行为之正当与否、政治理念（理想）之高尚与卑劣，以及国家政治之终极理想和至善目的的价值学暨形上学研究。也就是说，政治哲学不仅要追问政治事务本身的技术合理性和政治合法性问题，还要追问政治事务——包括政治行为，尤其是政治家的行为——的政治合目的性和道德正当性等深层次政治伦理问题。再进一步用哲学的话语来说，政治哲学关于人类政治社会的一切事务和行为的理论追问是没有限定的。因为，哲学研究的目的并不是为了占有真理，也从不宣称自己拥有真理，而只是且永远是为了追寻真理。在哲学的视野里，没有终极真理。因此，苏格拉底才会说，哲学家的品格是，他永远“自知其无知”，永远处在无穷的追问和求知的过程之中。

然而，哲学对人类政治事务的无穷追问和考究，并不意味着政治哲学必定要偏向于某种政治乌托邦而超脱于社会政治生活的现实情景，而仅仅意味着这样一种基本的理论姿态和思想方法：在政治哲学的视阈中，一切政治现实——无论是既有的政治理念，还是既定的政治制度系统，抑或是现行的政治实践——都是有待人类自身不断进行理性反省和批评改进的，都开放地面对一切合乎理性的政治批评和哲学追问，因而它所关切的就远不止政治事务的“现实合理性”、政治行为和政治制度建构的技术合理性，更重要的是政治目的或目标的道德正当性和政治完善意义。这正是为什么完善主义和政治伦理意义上的理想主义始终是政治哲学的一个不可省略的理论向度之内在缘由所在。

政治哲学的这一理论定位，决定了它不得不把自身关注的理论重点放在那些隐藏在政治事务之中、政治事务背后和政治事务之未来理想的那些“隐性”的或者是潜在的重大问题的探究之上。诸如，人类为什么要缔结不同样式的社会？为什么他们会组成不同类型或性质的国家？人们据以组建政治社会或国家的基本原则是什么？人类社会为什么会出现不尽相同的政治政体和政治生活方式？民主作为一种人类共同向往的政治生活目标为什么会因自然环境和社会、历史、文化甚至社会心理条件的不同而呈现出各种不同甚至相反的观念理解和实践模式？为什么人们对国家政治、政府和政治家们的政治期待不仅仅是政治治理的技术合理性和行政效率，而且还有政治治理的目的正当性、政治秩序的公平正义和“道德的政治家”（康德语）？为什么人类始终不能放弃对诸如美好社会的向往和更高期待，即使无数严峻而残酷的政治挫折，乃至政治失败使得人类的政治乌托邦追逐遭受一次又一次的沉重打击？现代民主究竟是多元的还是一律的？或者说，是否存在某种普世有效的现代民主模式？如此等等，不一而足。

迄今为止，人们对上述这些问题的解答各种各样，始终未有归宗，即使是在同一个国家或地区处在相同时代背景下的政治哲学家们，也难以达成哪怕是基本一致的理论结论。近代以来，欧美世界一直引领着——在某种意义上或者在某一特殊历史阶段，甚至是宰制着——我们这个世界的现代化进程，包括现代市场经济、政治民主、科学技术和世俗文化的发展进程，这一点似乎毋庸讳言。然而，自 17 世纪中叶英国率先跨入工业革命和有限民主政治的现代化社会进程以来，从来就没有出现过单一的政治哲学模式一统天下的局面，尽管自由主义作为一种西方现代性的意识形态逐渐占据着整个西方社会的主导观念地位。所谓“新的”或“老的”自由主义，所谓“激进的”或“保守的”保守主义，所谓“开明的”或“保守的”共和主义，以及，形形色色的“无政府主义”“集权主义”“社群主义”甚至“社会主义”，有如一幕历史连续剧中的不同角色，“你方唱罢我登场”，“各领风骚三五年”，或声调高亢如急风暴雨；或娓娓道来如行云流水；或独白如君临天下；或旁白如插科打诨；或针锋相对如对簿公堂；或随声附和如百鸟齐鸣……这“百花齐放、百家争鸣”的思想景观提示我们，如同人类社会文明的沃土孕育了多种多样的政治生活形态一样，人类不同的政治生活经验和政治智慧也催生了多种多样的政治哲学！

民主被看作人类政治生活的共同期待和最高理想。可是，在共同的政治期待和政治理想追求中，无论是人们的经验直觉还是不断深入的政治反思，都昭示着一个严肃的政治哲学问题：民主作为一种政治理念或者作为一种政治实践，都不具有终极真理的意义，绝对不是一种“放之四海而皆准，俟之万世而不变”的政治真理或政治“制式”。所谓“多数人的民主”或“一人一票”，所谓“间接民主”或“直接民主”，所谓“代议制”或“政党制”，所谓“简单民主”或“复杂民主”，等等。这一切似乎都印证了一个朴素而显见的道理：民主不只是一种政治制度或政治体制的统一标签，而只能被视为一种政治精神或者一种政治理念。民主政治绝不只是意味着某一种社会政治制度甚至是某一种政体形式，它更多的意味着一种政治理想：政治主权在民！一切权力属于人民！因此，理解和实践民主政治的关键，不是简单地架构、仿制、输出，甚至强加某种政治制度或政治体制，而是把握和坚持人民为本、主权在民的根本政治原则。

由是观之，一旦我们真正理解了“何谓政治哲学”，“我们需要何种政治哲学”的解答也就自然而然了。“我们需要何种政治哲学”同我们实际的政治生活条件和具体的政治实践环境是相互关联的。从根本上说，后者实际上预定了我们需要并可以选择“何种政治哲学”的界限和可能。我们对政治哲学的需要是“内生的”而非外部启蒙或外在赋予的，因而我们对“何种政治哲学”的选择也必定是内在主体性的而非外在施加的或外部启蒙的。在开放的现代世界里，学习他者，包括学习各国各地区的政治经验和政治智慧，学习各种睿智有益的政治哲学思想，不仅重要，而且必须！因为当我们不得不选择并决然摆脱传统政治社会、坚定地迈向现代民主政治时，我们也就置身于一个开放多元、互竞互动的大千世界，孤独自闭终将导致自我被抛，乃至自我消亡的恶果，更何况作为一个后起的发展中国家，我们比任何时候、任何竞争伙伴都更需要向他者学习！然而，学习作为学习者的美德首先且根本上在于创造性地学习，而非简单模仿。创造性的学习前提必定依赖也只能依赖于作为学习主体的学习者自身，尤其是其自身独特的政治实践经验和政治智慧。

二

最后，我们来简单地谈谈“我们为何需要政治哲学”的问题。这个问题之所以重要，主要是因为它本身涉及一个需要我们特别关注和思考的“现代性”问题，即当代德国著名的哲学家和社会批评理论的杰出代表哈贝马斯所谓“现代社会结构的公共转型”问题。用政治哲学的话语来说，也就是阿伦特所谓“复兴政治的公共性”问题。

早在古希腊时代，亚里士多德就曾经指出，政治哲学关乎“城邦国家”的“至善”，作为政治实体的“城邦国家”是所有形式的社会共同体中最大也是最重要的政治共同体，正如“城邦国家”高于个人和各种形式的社会共同体一样，“城邦国家”的“至善”也高于个体美德之善。这实际上已然揭示了国家的政治公共性和价值（“至善”）首要性。然而，在传统社会和古典政治哲学中，国家的政治公共性与公民个体的美德私人性之间并没有严格明确的分界，社会生活的公共领域与私人生活领域之间也没有被严格地划分开来。即使在近代早期，在公与私、国家与个人、政治与道德之间，也仍然保留着千丝万缕的联系而未见明确的分界。只是到了现代，所谓“公共生活领域”与“私人生活领域”的分界才逐渐变得明朗起来，而迨至今日，公私领域的分界则越来越被人们看作不可逾越的“防火墙”，甚至成为——至少是在现代自由主义政治哲学家的视野里——政治与道德分离的根本原因或者必然结果。

作为原因，公共生活领域与私人生活领域的分离被视为现代民主政治的进步标志，其基本的政治要求是自由人权与公正平等，而无论是自由人权还是公正平等，最根本的政治基础都只能是基于社会基本政治制度建构和安排的基本政治权利与政治义务的公正分配和政治保护，而不再关乎个人的道德伦理品格——“道德应得”(moral desert)不能成为基本的政治考量，相反，一种公平的政治制度安排(分配)和社会公共治理(政府)恰恰需要尽量减少甚至完全摆脱诸如个人道德伦理、宗教信仰、人格心理等非“公共理性”因素的干扰。这就是所谓“把恺撒的还给恺撒，把耶稣的还给耶稣”的根本含义。作为结果，政治与道德的分离被看作公私两个生活领域明确分界的必然产物：道德只是纯粹的私人事务，政治则关乎公共大事，两者不可混淆，更不能相互替代。

在西方现代民主政治的建构历程中，“政教分离”曾经被看作最重要的政治变革成就之一。今天，新自由主义政治学家和政治哲学家们又普遍确信，“政治中立”或“中立性原则”已经成为民主政治是否正当合法和普遍有效的根本前提。滋生并强化这一确信的正是现代公共社会的结构性转型。具体地说，在现代社会里，公共领域日趋扩张，私人领域则不断萎缩，并且，前者对后者的挤压仍在不断加强。现代社会公共化程度的不断提升，客观上使得政治和法律的重要性不断凸显，道德伦理的社会功能则相对弱化。现代人的一句口头禅是“现代社会是法制社会”，仿佛现代社会已然不再是道德伦理的社会。这诚然一方面反映了现代社会日益强化的公共化趋势，另一方面却也或多或少反映了现代人和现代社会的一种普遍心态，我们不妨将其视为一种政治的“现代性心态”，它所蕴含的主要意味之一，便是现代人和现代社会日益明显的“制度依赖”或“公共化路径依赖”心理。

正如许多现代自由主义批评者们所指出的那样，值得我们注意的是，这种“制度依赖”已经不仅让现代人和现代社会越来越轻视道德伦理，也使我们越来越疏于政治的哲学反思而醉心于公共行政管理的科学技术要素和“显型”制度的约束功能。结果便是施特劳斯所感叹的政治哲学不再可能，可能并日益昌盛的是政治学、公共行政管理学和政治理论研究。然而，我们的问题依然存在：公共生活领域与私人生活领域是否能够截然分开，作为公民个体的个人与作为自然生命的个人是否可以全然分离成为两个完全无关的人格主体？政治与道德是否能够全然分开？或者更直接地说，一种“无道德的政治”是否真的可能？倘若可能，它是否是现代民主政治的必然归宿？若如此，民主政治是否能够长久的成为人类的政治期待？凡此种种，已经引起了现代政治家和政治思想家们的广泛关注和深刻反思，不要说当今的共同体主义和共和主义政治哲学思潮，就是“新公共行政管理学派”和新制度主义政治学学派也对此有了越来越清晰的认知和理解，而这种关注和反思本身便是我们仍然需要政治哲学的明证。或许我们可以这样说，现代公共社会的结构性转型非但没有削弱政治哲学的基础，反倒是强化了现代社会对一种或多种新的政治哲学的期望。

于是，我们有了编辑出版“政治哲学丛书”的充足理由：社会生活的公共化趋势凸显了现代人和现代社会寻求“公共理性”的紧迫与意义，而一种健全的“公共理性”追求恰恰隐含着对政治哲学的深远期待！

2007年立秋急就于北京北郊悠斋

序《政治哲学丛书》，中国人民大学出版社2007年版。

原文刊于《文景》，2007年第11期。

政治与道德的吊诡

如果把正反交互及其无穷的辩难看作古希腊原初哲学意义上的辩证法之本义，那么，政治与道德之间的关系便可以看作一种充满吊诡的辩证关系。如果中国古代政治文化中的所谓“阳儒阴法”多少能够显露政治与道德之间的这种辩证式的吊诡奥秘，那么，文艺复兴晚期意大利最著名的政治思想家马基雅维利的政治伦理主张就是一种彻头彻尾的把玩“阴”谋，并鼓吹用“阴”谋制胜“阳”谋的政治“恶”论。无论人们或者马基雅维利本人可能提供多少或者多么充足的历史语境主义和政治现实主义的辩护，其政治“恶”论都足以让人们瞠目结舌，惊讶不已。我相信，正由于此，马基雅维利本人及其政治道德思想才会成为近代以来人们津津乐道、聚讼不断的思想话题。

一

直观而论，马基雅维利受人关注和诟病的主要关节似乎是其非道德主义的政治权术学。可实际上问题远比这种直观论断复杂得多。比如，马基雅维利明明是固执于一种非道德主义的政治学立场，为何后人仍然把他视为西方近代共和主义政治哲学的先行者？这显然并不符合诸如施特劳斯所理解的古典共和主义政治哲学的义理。又比如，早在古罗马时期，律法主义者们便看出并提出了政治优先并高于道德的类似主张，为何后人仍然把马基雅维利看作西方古典政治传统转向西方现代性政治哲学的关键人物？即便我们承认道德与政治的分离的确在很大程度上标示了西方现代性政治和政治哲学的转型特征，也似乎不宜把马基雅维利的政治学或政治哲学简单地等同于“把恺撒的还给恺撒，把耶稣的还给耶稣”之政治说辞。最后还比如，单单就马基雅维利的“政治脏手”观念而论，虽然其非道德主义意向不难证明，但承认政治之手的“脏”不也还是对政治道德之真实存在的一种反证么？是否可以将其简单地归于非道德主义范畴而心安理得呢？我们的解答恐怕不能如此武断。凡此种种，都显露出一种强烈的暗示：马基雅维利及其政治道德学说并不简单，其所留下的疑问和政治思想价值都十分耐人寻味，需要我们耐心谨慎地研究分析。更为重要的是，透过这些分析，很可能还会让我们对现代社会的政治生活和政治哲学形成许多新的有意味的思考，产生触类旁通、举一反三的思想效应。

与多数同类著述不同，门下谢惠媛对马基雅维利政治道德学说的检视所采取的是一种政治哲学或政治伦理的视角，这使其分析论述有了一种哲学的理论高度。

谢著告诉我们，马基雅维利及其政治道德学说的提出本身，构成了西方古典与现代社会转折关节的一个重大学术事件，提出了一个关乎古今政治和道德之间价值翻转的重大理论与实践问题，这就是如何看待现实政治与理想道德的根本价值立场问题。在马基雅维利看来，政治的世界根本只是一个现实的世界，甚至可以说是一个功利的世界。在这个世界里，人们重视和追求的只有成功、优胜和闪耀在皇冠顶上的强权的光芒。因此，政治学和政治哲学——或者，一切关乎政治的学说和理论——所应且所能关注的只能是“事实之真”，甚至很可能还只是成功行动的“事实之真”（而非一般哲学所关注的“哲学真理”，亦即“绝对真理”），或“知识之真”“观念之真”，当然更不会是道德哲学或伦理学所关注的“价值之善”甚或所谓道德“至善”。由于政治学和政治哲学的要害只在“真实”而非“真理”，所以，它（们）所应且所能做的事情也只是去弄清楚诸如“实际如何”一类的事实问题，而大可不必奢望去探究“应该如何”一类的道德价值问题。

我的直觉是，谢惠媛博士的总体判断是有根据的，马基雅维利奋力而为的是把政治的归于政治，把道德的归于道德，以此尽可能减少，直至完全防止道德伦理对政治事务的纠缠干扰。但他并没有以此否认政治与道德之间千丝万缕的关联，否则，他不会如此在意道德伦理，或者说在意政治的道德伦理负担，不会大谈所谓“政治脏手”的问题——很明显，如果政治与道德伦理之间真的能够楚汉两界泾渭分明，无论政治家和当权者如何玩弄权力权术，都不会产生什么“政治脏手”问题。政治家的手之所以会脏，皆因政治生活世界中总是时刻到处都有道德伦理的幽灵。

二

我以为，至少还有以下三个问题值得注意和思考。

第一，权力与权利究竟何者优先？权力是一个纯粹的政治概念，但权利则不然，它既是一个政治概念，从更根本上说又是一个道德伦理的概念。将两者相提并论且做先后轻重的次序比较，本身便是在政治与道德之间讨说法、论道理。强调使政治摆脱道德伦理的干扰是马基雅维利的主要意图之一，因为这一主张，他的政治学和政治哲学被看作西方古典政治学与现代政治学之间的分界标志，从而使他本人成了近代新共和主义——与古希腊柏拉图相对——的先驱，甚至是西方现代性政治的思想先驱。可是，马基雅维利的用意恰恰表明，在他的时代和他所在的意大利佛罗伦萨，政治与道德有着多么密切而复杂的关系，因为道德的存在，所以才需要他——或者，他觉得他需要向当权者和政治人民——拒绝或超脱道德，让政治权力游戏免于道德伦理的干扰。问题的关键在于，如果接受马基雅维利的主张，让道德完全摆脱道德伦理的“羁绊”，那么，政治及其权力游戏又该如何实现权力自身的系统均衡？显然，没有哪一个社会和政治共同体能够接受某种不受约束的权力统治。绝对的权力必然导致绝对的腐败，从而最终必将消解权力本身。既然还是一种游戏，就必须有游戏规则。政治权力属于霍布斯所说的“利维坦”(Levitan)，因而必须受到制约。

马基雅维利似乎没有解决权力的游戏规则和政治制约问题，他的言行给我们留下的印象是，权力游戏无异于市场的资本游戏，自然竞争创造自然秩序。可是，政治毕竟不是经济——除非我们给两者以某种特殊的修辞修饰，政坛也不等于市场——尽管我们承认政坛上的权力竞争与市场上的资本竞争有着相似的逻辑。17 世纪的洛克和 18 世纪的孟德斯鸠看到了这一点，也承认政治(权力)乃是人类社会“必要的恶”。因此，他们先后提出了分权而治的主张。分权而治的实质是“以权力制约权力”，即“以恶制恶”。这一政治观念似乎被近代欧美社会所普遍接受，看起来也相当有效。但是，这一政治观念仍然难以彻底解除人们对权力制衡之合法有效的担忧：仅仅依靠政治内部的权力制衡能否持久有效地防止权力滥用或政治腐败？当分治的权力在某种特定的情形下形成权力合谋，又该如何防止权力滥用或政治腐败？这仍然是一个严肃的问题！

事实上，在现代西方政治实践中，已然多次出现了权力合谋和权力腐败的问题。所以，现代政治学和政治哲学所探讨的主题虽然并没有全然超出“公共权力及其合法运用”的主题，但具体的理论解释和分析论证却已大为改变。一个较具共识的现代民主政治观念是：权力不仅需要权力系统内部的政治制约，还需要权力系统外部的社会制约，包括道德伦理的政治自律和公民社会的外在他律。这就是说，一种真正的民主政治不仅需要“以权力制约权力”，同时还需要(甚至更需要)“以权利制约权力”、以政治良知制约权力者的灵魂。“以权利制约权力”的基础是“公民权利(thc civil rights)优于且先于政治权力(the political power)”，这是基于人权优先的道德原则而确立起来的、真正具有人民民主政治意义的基本政治原则，它是政治的，也是道德伦理的，确切地说是政治伦理的。哲学地说，如果说“以权力制约权力”的政治命题仅仅是基于单纯的政治现实主义的权力理论，那么，“以权利制约权力”的命题则是一个强政治伦理命题，其所强调的是人民(公民)的基本权利优先于政治权力，强调以公民权利——通过日益强健的公民社会——制约政治权力，乃是一种更为合理正当的政治哲学和政治伦理学。很明显，权力理论拒绝政治的道德承担，政治哲学和政治伦理学则坚持政治的道德承诺。这是我在2005年至2006年赴哈佛大学做富布莱特项目所研究的课题和最终结论，恰好可以部分地作为我对政治与道德之间的关系的理解。

第二，政治的恶——更准确地说，政治的道德之恶——究竟是一种必然的恶还是一种“必要的恶”？如果政治的恶是必然的，那么，人类社会的一切就真的只有等待宗教的天国救赎了，如果政治的恶只是“必要的”，那么人们必定会追问：在何种条件、何种情形下，我们可以承认政治是人类社会的一种“必要的恶”呢？

既然是“必要的”，就得有形成或产生“必要”的前提和条件，否则，“必要”就会成为“必然”！倘若如此，人类社会就真的会陷入万劫不复的灾难深渊了。我想，即使马基雅维利本人也不会乐见这样的后果。

不错，政治是人类进入社会文明所必须承受的代价，但这代价必须是人类自身可以承受得起的。谁胆敢打开潘多拉魔盒，谁就必须先拥有控制魔鬼的宝剑。人类之所以创造社会，志愿以社会的方式生存发展，首先是出于寻求“安宁”和“福乐”的目的，这是人类始祖们通过诸如“围猎”“群祭”等集体行动的经验逐渐意识到的。因为组织氏族部落，继而创建城邦、国家，组成社会，逐步走进社会文明的人类需要组建诸如政府一类的公共权力组织或机构，来治理自身所创造的社会和社会生活，这就是政治的起源。可见，政治的起源是“人为的”，是人类有自觉意识和自为目的的社会组织管理行为，既然如此，政治本身就不可能是一种必然的恶，而最多也只能是一种非如此不可的“必要的恶”——如果说我们接受社会契约论的有关解释并正视政治权力必须受到制约的客观事实的话。

政治之为“必要的恶”是它必须受到制约的政治原因，但却是基于道德伦理所产生的一种政治伦理判断。如果仅仅限于政治本身，所谓“必要的恶”就是一种无稽之谈。说政治是一种“必要的恶”，是说政治权力的形成和行使都在某种特定的程度上是以出让、限制，乃至牺牲部分公民个体的人权和自由为其前提代价的。公共权力的形成是以全体社会成员让渡部分私人权利为前提和基础的，而公共权力一旦形成，私人权利的让渡就如“嫁出去的女，泼出去的水”无法收回，公权或者政治权力就会行使其对所有社会成员的私权的合法限制。然而，这一意义上的“恶”意仅仅具有纯前提预设的意义，而在实质意义上，公共政治权力及其运用反而应该是有益于公共社会发展和人民的福利的——当且仅当它的行使始终不逾政治的合法正当性原则。

如此看来，关于政治之恶，关键的问题并不是对其“恶”意的理论探究，而在于人类社会的政治生活实践如何始终确保其政治合法和政治正当。如果能够确保政治权力及其运用的政治合法性和政治正当性，就可以把政治的“必要的恶”降低到最低限度，甚至防止其发生；反之则否。需要注意的是，政治合法性属于政治法律的范畴，而政治正当性则属于政治道德和政治伦理的范畴，前者关乎政治原则，后者关乎政治大“道”，即所谓原则的原则。大“道”不正，政治实践的“术”与“势”必定不正，政治之恶便势所必然；大“道”正直，则政治实践的“术”与“势”也当无大谬。诚然，在现代社会结构日趋公共化、制度化和管理技术化的情况下，政治的“术”与“势”也大有讲究，所以，“社会管理”或“公共管理”才会日益凸显，成为当代社会的重大课题，公共(行政)管理学也随之成为现代社会科学知识体系中的“显学”。

第三，也是最后最重要的问题，让我们再一次重复康德的问题：人类社会所需要的究竟是“道德的政治家”还是“政治的道德家”？权力是政治的显形，最容易夺人眼球。但实际上最关键、最复杂的问题却在权力巨大影像的背后，在于权力这架力量强劲的机器的运行过程之中。西方近代以降的多数政治学和政治哲学似乎已经习惯于把政治看作权力游戏，就像西方的多数自由主义经济学大多习惯于把现代经济问题看成是纯粹的资本游戏或者市场游戏一样。但另一些人——他们的群体似乎越来越大——则不以为然，从康德、马克思到施特劳斯，甚至包括部分的罗尔斯和哈贝马斯，以及詹姆逊、丹尼尔·贝尔等，都不同程度地看到了权力的背后和权力运行过程之中的那些更深刻的东西，比如，社会阶级分化和阶级矛盾，经济基础和上层建筑，政治和政治家的道德，以及“文化政治”，等等。这其中，权力好像仍然是焦点，但却不再只是形式或抽象的权力概念，而是同权力者本身及其所处社会经济、政治和文化、历史的特殊语境密切关联的活生生的权力行动。在此情形下，政治的焦点与其说是权力，不如说是作为权力主体的权力者及其身后与内心。

我赞同这种新的政治学和政治哲学理念，并不遗余力地为其辩护，努力开拓其言路和理路。因为在我看来，政治学和政治哲学光谈论权力是没有多大意义的，尽管不能不谈。权力是死的，只有权力的形成、把握、运用和制约才是活生生的。纠缠死的东西当然有史学的价值，也可以间接地启迪现实，但毕竟研究活的东西才能更直接地深入我们实在生活的堂奥，一切关乎政治的学问和理论都必须首先关注现实才有现实的理论活力。进而还可以说，权力是死的、抽象的，但权力者或当权者总是活的、具体的，他们的周围和内心更是具体而鲜活的。实质地看，政治或权力的恶其实不在权力自身，而在于那些掌握和行使权力的人。因此，政治权力的善恶根本上是当权者的政治德行和社会文化环境的影响问题。政治家和当权者的社会文化环境关涉复杂，我们可以另文再谈。可是，他们的政治德行问题直接关系到我们对马基雅维利政治道德理论的基本理解和判断，必须有所表示才行。

哲学家康德曾经提出了这样一个问题：人类社会究竟需要“道德的政治家”还是“政治的道德家”？他的回答鲜明而坚定：“政治的道德家”只堪玩弄权术，博取个人的政治功名，野心勃勃而醉心于阴谋诡计，他们的所作所为必定是反政治道德的，其所造成的政治权力之恶当然也是势所必然，大为有害的。文明理性的人类社会只需要“道德的政治家”，也只有他们才是人类政治文明所需要的公共权力的合法正当的代理者和管理者。如果说，“以权力制约权力”的纯政治自律不足以防止权力之恶，那么，“以制度制约权力”也仍然只是防止政治权力之恶的必要社会条件，而非充分必要条件。要对公共权力实施必要且充分的制约，除了纯粹的政治自律和制度他律之外，还需要政治家自身的政治道德的自律。

政治家或当权者的确是人类的政治精英，这是他们得以被挑选为公共权力代理者、管理者和行使者的基本条件。但他们也是人，同所有人类个体并无根本的区别。他们具有同普通人一样的肉体和心灵，但与我们普通人相比，具有不一样的能力——因此，他们在民主政治的自由选举中得以获胜而成为当权者。同时，他们也具有同我们一样的自然天性和社会本质，包括优良的、无限潜在的和劣根性的、有限现实的。总之，他们和我们都有着作为人类——作为自然生物和社会生物或“政治动物”——的善性与弱点。换句话说，我们的“有限理性”使得我们所有人都需要自我约束，需要自我修养，需要道德伦理的规导。而且，由于政治家和权力者手中握有政治特权——这或许只能归于他们的政治幸运和道德幸运，他们还需要比我们所需更多的东西，不只是能力，还有德性、公共责任感和社会使命感，以及必要时刻的政治牺牲精神。一般说来，当权者和政治家之所以能够登上政坛，获取或者被授予公共权力，首先不只是因为他们有过人的智慧和才干，还因为他们有过人的美德和意志，也就是说，政治道德和个人美德本身就是他们成为政治家和当权者的一项基本的和重要的资质。这一政治道德资质——通常被称为政治家的道德或政治美德——绝不仅仅是作为前提条件而对权力者和政治家提出来的，而且也是作为他们所必须具备和保持的职业伦理要求而永久有效的。

换句话说，除了制度的约束之外，政治道德或政治家的美德也是政治家和当权者不可或缺的清洁剂，虽然，“政治脏手”很难彻底清洗干净变成圣洁之手，但手脏了必须得清洗。假如马基雅维利先生仍然健在，不知道他以为然否?

原文刊于《读书》,2010 年第 11 期。

公共性的政治伦理理解

对于人类社会及其政治事务的公共性问题，现代人似乎很容易理解，也越来越关注；但实际上却又似乎不甚了解，且越来越模糊，甚至淡忘。这样说好像颇为费解，既不合逻辑，也不合事实：现代思想家、政治家和政治学家，以及许许多多声名浩大的政治哲学家不都在不休地谈论着“公共结构”（如哈贝马斯）、“公共理性”（如罗尔斯）、“公共管理”和“公共性”（不胜枚举的公共管理学学者和公共问题的专家）吗？何来模糊甚至淡忘一说？现代人和现代社会的公共生活不是大大强于传统人和传统社会的公共生活吗？

可真实的情形却是，我们的确亲身感受现代政治生活的公共性，不仅是在形形色色的民主选举活动中，或是在法庭内外，而且在形形色色的名人隐私曝光事件中，或是在诸如孩子们的幼儿园里、城市乃至乡村川流不息的人流里。如果我们接受费孝通先生关于“公共领域”即“陌生人领域”的公共性解释的话，就不难理解现代人的这些公共性生活经验。可是，在这些迅速变幻着的现代公共性镜像中，我们是否知道，我们究竟可以“公共”或实际“公共”了什么？更确切地说，一方面，我们真切地感受到现代社会的公共生活经验并分享着现代人的“公共性”理解。如果我们认可现代人的一般“公共性”概念，将之大致界定为公开、透明、分享，或者还能接受阿伦特所强调的“复数”或“多样性”“共同性”(commonness)的“公共性”特征描述，那么，诸如联合国辩论议事、规模和仪式越来越盛大的各种国际体育竞赛、欧洲共同体的建立，以及上至国际和国内社会民主制度(无论是组织的、选举的还是协商的民主制度)的不断推进、下至各种救灾减灾机制和公共健康体制的形成与演进等，当然堪称现代社会之“公共性”的典型经验，更不用说现代人放言高论且正在经受的所谓“全球化”经验了。所有这一切都公开地摆在我们面前，仿佛一览无余，而且真的是“我们”(而非只是“我们”中的某一个人或某一群人)正在“共同面对”“共同分享”“共同分担”这一切！可是，另一方面，我们不禁要问：联合国的议事有多少达成了公共一致？又是如何达成公共一致的？其公共性程度究竟若何？即便像奥林匹克运动会这样纯粹的体育竞技比赛又能有多少公共的经验分享？巴黎市长和前法国总统萨科齐对于2008年北京奥运会的经验与北京人、中国人、非洲人的经验有多大的“公共性”？在最近发生的希腊火灾中，欧共体的救灾机制发挥了多大的公共作用？我们确实正在共同经受着世界金融危机的痛苦，可我们真的公正地分享了全球化带来的福利和喜悦了吗？非洲人是如何体验经济全球化的？为什么全球化的光临非但没有减少民族国家的分解和国际冲突，反而使得我们这个星球上的民族国家急剧增加而非减少呢？一次又一次此起彼伏的民族冲突事件究竟说明了什么？更值得我们多费思量的问题是：同样是面对民族冲突事件，为什么西方国家（从多数政治家到多数学者）总是有意无意地将他们自己国家的民族问题看成是文化问题，采取“去政治化”的立场，而对于其他国家和地区的民族问题却采取政治化立场，将之强行而又简单地置于“民主”“人权”“民族正义”的概念框架内来大加讨伐呢？

看来，关于“公共性”的理解并不是一个简单的问题，它首先当然是一个政治问题，然后更为复杂的，它还是一个政治伦理问题，甚至根本上是一个政治哲学的问题。罗尔斯、哈贝马斯等当代自由主义政治哲学家如是观，尼采、阿伦特和施特劳斯等共和主义政治哲学家也作如是观。不过，即使在他们之间，公共性的政治理解或者对政治之公共性的理解却又如此不同，仿佛在哲学家们之间也鲜有“公共性”！由此可见，即令在哲学观念这个最为抽象——注意理论抽象常常被视为人类达至所谓“普遍”“家族类似”和“公共分享”的最后通道——的王国，“公共性”也成为一个严重的问题。在我看来，这一问题的要害在于：作为事实陈述的政治的“公共性”实际上远不等于作为价值评价的“公共性”的政治，因为人们对于政治的“公共性”理解本身就是一种政治，即政治学和政治哲学家的政治意识形态，只有这样看，才能理解西方政治家和政治思想家对于发生在本国和他国非常类似的民族问题，会采取“去政治化”和“强政治化”这样两种截然相反的立场。

或许我们应该这样说，对于现代人来说，政治的公共性尚且勉强可解，可对于公共性的政治性却显得难以理解，甚至是故意淡忘。不幸的是，这一判断或许更切合当今部分中国知识分子，乃至主流社会的普遍心态！

在“现代性”深入人心，以至于“现代心态”已然成为现代人的常规心态或习惯心态的现代社会里，商业、市场、科技和行动的价值效应远远超过和掩盖了人们对公共社会和公共事务的政治关注，西方民主国家普遍出现的“投票疲劳症”和以此为基本症候的政治冷漠（罗尔斯将之形象地刻画为“袖手旁观”：“stand-off”）已是一个不争的事实，如果再深入考察一下政治商业化（比如，金钱对选票和选民的左右、国际贸易中的经济利益交易等）的普遍现象，就知道“选举筹款的多少决定选举的胜算多大”“没有永久的朋友，只有永久的利益”之类的说法是多么近似于现代政治的真理表达！孔夫子和古希腊哲贤注重的政治游戏已经成为现代社会和现代人的一种不可承受之重，以至于西方已有学者不禁感叹“政治（学）的终结”。

中国人对于政治一直有着特殊的兴趣，甚至有过相当过度的激情。“文化大革命”期间，文化都被当成了政治，可以说创造了文化政治化的极端范例。教训当然深刻而又沉重！改革开放时代，经济成为中心，市场经济的洪流浩浩荡荡不可阻挡，经济或者说市场已然在不知不觉之间被我们当成了政治，甚至是最大的政治，而真正的政治却在很大程度上被转换成了经济或者偶尔被当成了文化。如果说，把经济当成政治还具有某种特殊情景下的政治策略的合理性，那么，将政治转换为经济就不仅很难得到正当合理性的辩护，而且还极有可能造成灾难性的社会后果。例如，让权力与金钱联姻并发生交易，让“金钱万能”不断浸润民众的思想意识，以至于最终成为多数人的日常行动指南，如此等等。就这样，我们对于政治的记忆在一天天淡化，而我们肩上的政治负担实际上却在一天天加重。

坦率地说，我们的确需要政治和政治哲学，甚至需要阿伦特思想中的那种具有内在善恶特性的政治伦理。同大多数现代西方自由主义思想家不同，阿伦特所讲的政治不属于“现代性”的政治范畴，毋宁说是柏拉图、亚里士多德这样一些古希腊哲学家们的古典哲学化的政治，更近似施特劳斯(或许还有施密特、奥克肖特、昆汀·斯金纳等人)意义上的政治哲学。现代西方自由主义思想家们所信奉的政治和政治哲学，在约翰·罗尔斯的两部代表作即《正义论》和《政治自由主义》中有过典型的表达，基于经济权益的公平正义分配被提升为公民基本权利与义务的正义分配问题；因而，也是且根本上只是社会基本结构——即社会基本制度体系——的制度安排问题。进而，如果说这样的政治理解仍然给各种不可公共化的“宗教学说、哲学学说和道德学说”留下了太多余地的话，那么，《政治自由主义》告诉我们，通过寻求一种基于“重叠共识”的“公共理性”，来重建政治的自由主义或自由主义的政治哲学，政治哲学的基本使命便被限制为寻求超越文化多元和政治差异的普遍政治原则——政治之“合法性”“正当性”“公共理性”的原则——和基于这些公共(普遍)政治原则的基本制度建构，仿佛唯有如此，方可确保国家政治获得足够自律的公共性，当然也就不难确保公共性的政治正当和政治合法了。

然而，这不是政治公共性或者公共性政治的全部，甚至不是最重要的部分，也不是阿伦特乃至所有共和主义政治哲学家所理解的政治，亦不是她所理解的政治的公共性，更不是施特劳斯等更趋于保守的政治哲学家们所理解的政治和政治的公共性。阿伦特所讲的政治，是一种具有公共——即人格“复数”、行动多样(差异)并具有某种共同价值——意义的权力行动。权力只属于公共生活领域，因此，人们将政治腐败界定为公共权力的私有化或私人资本化，这一点似乎是所有政治学和政治哲学家们所公认的。阿伦特的贡献在于，她一方面指出了公共权力行动的多样性和共同价值；另一方面又郑重地告诉我们，政治行动的共同价值或公共性并不意味着任何意义上的同质化和平面化，因之并不表现为某种形式的政治制度体系或公共结构。恰恰相反，某一行动或人物之所以具有政治的公共性和共同价值，并不是他(它)体现了某种普遍认同的原则规范，而是因其表现出了某种卓尔不群的独特品质，一种彰显差别、优异和创新的政治美德。由是观之，马拉松的行动之所以被雅典城民视为卓越的公共典范，正是因为他为了向坚守城池的城民们报告前方抗击侵略者的战争获胜消息而跑死城门，他的行动不仅展示了一种超越常态的武士之艰苦卓绝的英勇和不屈的美德，而且展示了一名武士为了保卫祖国和人民而顽强牺牲的爱国主义政治美德，这样的行动和这样的战士当然应该成为城邦的英雄楷模，值得所有公民景仰和学习。这就是政治的公共性典范！扩而言之，某一人物及其行动具有公共性，当且仅当他（她）及其行动具备卓越超拔的公共引领价值和公共示范意义。如此，奥林匹克竞技比赛中的竞标冠军，或者追寻卓越并表现优异的战争英雄和时代楷模，都如同那些具备开拓创举的政治领袖一样，具有公共示范、公共榜样和公共引领的理想（价值）意义。

显然，阿伦特看重的不是社会基本制度或政治结构性的公共意义，而毋宁说是政治语境中的人及其行动的公共意义，仿佛这才是政治的公共性本质所在。因此，她凸显行动和行动者的政治意义，将之同诸如“劳动”“工作”等一般社会行为严格区分开来。阿伦特指出，“劳动”本质上是以物质实利为根本目的的“私人性”价值行为，因而既不具备公共性的维度，也不具备公共典范的价值意味。“工作”较“劳动”更具有现代行为意义，它同特定的“技术”或者“技艺”相联系，具有技术“制作”和趋同于产业化的特点，但却不具备公共典范的价值引领意义，因而它同样不具有政治的“公共性”。唯有“行动”才具备超拔于一般“劳动”和技术性

“工作”的公共典范意义。“行动”必然对一切既定的秩序产生新的影响，无论是革命性的还是创造性的，都具有公共示范引领的意义。真正的“行动”不是常规意义上的“行为”，更非发生在所谓“社会领域”中的“行为”——这恰好是对真正的政治“行动”的限制，世俗化、实利化了的社会生活领域正是造成现代公共(政治)生活领域日趋萎缩乃至沉沦的主要压力和根本原因之所在。阿伦特反复强调，现代世俗化的“社会领域”的恶性扩张，造成对政治行动和政治公共领域日益强劲的挤压，致使现代人的行动和行动能力迅速衰弱，“平庸的政治”之恶到处蔓延，仿佛已然成为现代人和现代社会“不可承受之轻”！

阿伦特的政治美德见解让我们想起了孔子和柏拉图、尼采和海德格尔(乃至整个存在主义)、施特劳斯和施密特。当孔子和先秦儒家强调“子率以正，孰敢不正？”时，他和他的儒家先贤们所关注的，绝不仅仅是“正”或“正义”的普遍规范原则的重要性，而是强调作为公共人物的政治家其正义行动的公共示范和引领之社会政治作用。同样，柏拉图广受诟病的“哲学王”理念其实不应被理解为哲学家的政治特权预定，毋宁说，他不过是在表达这样一种政治理想：只有那些最富于理智智慧和公正美德的人，才配当国家的政治领袖。在这里，同样是对政治行动和行动者的政治美德或政治优异的推崇和认可，如果我们不想成为一个单纯的制度主义或者普遍规范主义的信徒，这种推崇和认可就有其值得尊重的思想价值。我们当然不能接受尼采的“超人”理论，任何过度狂热的个人英雄主义都会给人类及其社会生活带来灾难性的政治后果和道德贻害，这是毋庸置疑的。可是，我们是否就因此完全转向某种“制度崇拜”？即便是现代人和现代社会已然出现一种制度（规范）主义的“路径依赖”和“趋同化”、世俗化、实利化的行为主义风尚，仅仅满足于建构普遍有效的或者底线式的原则、规范、制度——借用罗尔斯的术语来说，就是“最大化的最低要求”——就足够了吗？这是一个政治哲学的当代主题，更是一个“现代性”的政治难题。事实上，现代人的“制度崇拜”并未真正摆脱人对自我主体性的自恋性崇拜，只不过将这种崇拜中介化、形式化了而已。因为，无论是何种制度都只能是“人为的产物”，所谓“制度崇拜”，只不过是把人的自我主体性崇拜转换成了人对“人为化的产物”的崇拜罢了。

现代人和现代社会再次陷于一种两难选择：要么顾虑于现代社会的商业化、世俗化现实，选择让政治完全“适应”经济的世俗主义的路径；要么坚持某种或者某些经过理论创新的古典政治经济学的思想传统，不仅保持政治与经济之间应有的价值张力，并且保持政治与道德之间的理想链接。然而，更为艰难和复杂的两难选择还在于：若取前者，则又有可能陷入一种更深刻的两难处境，即一种单纯“适应”自由（市场）经济的政治如何实现民主？历史的经验和教训表明，在此种状况下可能实现的要么只能是无约束的自由民主，根本无实质意义可言，要么只会是背离社会基本正义的不民主，甚至是反民主——很显然，资本驱动下的市场经济以及由之产生的“自然秩序”必定是一种严重不平等、不公平的自由经济和社会过度差距的“自然秩序”，按照资本的自然逻辑或运动规律，拥有着越来越多的财富和资本的少数人或少数人的利益集团，不可能同那些众多的不断被资本运动边缘化、贫困化的普通民众公平地分享和行使他们作为公民的基本政治权利，这样的政治根本不可能有所谓“公共性”。中外几百年的市场经济和民主政治实践证明：现代民主社会真正需要和普遍寻求的是政治经济学，而不是经济政治学，更不能是经济伦理学！

于是，我们可以欲求的正当合理地选择路径只能是后者，即保持政治与经济之间“必要的张力”，进而保持政治与道德之间的理想链接。在这一点上，阿伦特的洞见似乎比那些自由主义——无论是“新的”还是“旧的”自由主义——思想家们的见解更值得我们注意：只有保持政治与经济之间的这种张力，阿伦特所谓“社会生活领域”才不至于排挤和压倒政治的公共领域，确保公共生活领域的政治公共性不被世俗实利主义的经济市场所腐蚀。同样，唯有保持政治与道德之间的理想链接，阿伦特所执着的“行动”和“行动者”的政治美德意义才可能彰显其优异之处，并较为充分地实现其公共示范和公共引领的“公共性”政治价值。

但是，这样一来，我们又不可避免地面临另一种如何理解政治及其公共性的理论两难：究竟是如罗尔斯、哈贝马斯等当代自由主义思想家们所论证的那样，政治的“公共性”只存在于社会基本制度(规范)体系或社会交往行动的普遍规范等形式化的结构之中？还是如阿伦特(或许还有马克思、施特劳斯、查尔斯·泰勒、麦金太尔等人)所坚信的那样，政治的“公共性”更根本的在于行动和行动者的政治卓越或政治美德等实质性的价值理想之中？抑或，这两种理解原本就只是一枚硬币的两面，都是合理理解政治及其公共性所不可或缺的基本向度？

现代人似乎大都更愿意相信普遍规范和制度结构的政治公共性，因而现代社会也大都着意于营建这样的政治公共性。这是一种“现代性”的普遍的政治文化症候，很可能需要某种社会批判理论——当然，不仅仅是哈贝马斯心中的社会批判理论——来加以进一步诊断并提出政治治疗方案。在此情形下，重温阿伦特关于政治公共性的论述便显示了一种理论意义。当然，如果我们还能经此去进一步重温马克思的社会批判理论和政治哲学，比如，重读马克思的《资本论》和多部《政治经济学手稿》，其意义便很可能不仅是理论的，还会有实践的。如此，我们便可以明确地回答本文开篇时所提出的问题：人民对于公共性的政治期待不仅仅是形式的、规则的公共秩序，更根本的是实质性价值的公共分享和责任分担，因而，任何关于政治及其公共性的理解也必定不仅是政治的，还必须是政治伦理的。正因如此，一种新的政治及其公共性的理论与实践才可以合理期待。涂文娟博士的《政治及其公共性：阿伦特政治伦理研究》为我们揭示了重温阿伦特政治公共性理解的理论意义，余下的任务就是我们如何重温马克思的政治经济学和政治哲学，以便获得在当今社会的“现代性”趋于巅峰状态的非常时刻，重新赋予政治及其公共性以一种新的、具有社会批判力和建设性的政治伦理理解。这是一项紧迫的理论任务，也是我们的时代和社会对于政治哲学，特别是政治伦理的迫切吁求！

原文刊于《读书》杂志，2009 年第 12 期。

谁是我们的敌人

——左高山著《敌人论》序引

一、引子：左高山的政治哲学三部曲

在诸多人类事务或人类问题中，大概没有什么能比诸种纷繁复杂的人类关系及其料理更为麻烦因之也更让人类自身难分难解的了。就人类关系本身及其料理而言，政治关系及其料理大概又是所有人类关系中最为严肃也最为严厉的一类。政治因为政治斗争、战争、暴力、敌人一类的问题而变得极端严肃，或者说，诸如战争、暴力和敌人一类的问题因为政治才得到严肃的思考和料理，它们的出现不仅意味着人类关系出现了极端的政治紧张和政治断裂，而且也产生了对政治关系展开哲学反省的需要，因为任何政治紧张和政治断裂都是人类社会的不幸，需要我们认真研究和解决。这便是政治哲学何以必要的根本原因。

在所有极端性的政治话题中，敌人大概是最为严肃也最为复杂的话题，因为，敌人的出现几乎彰显了政治关系之张力的极限。事实上，探究和反思人类的政治关系——更不用说敌人问题——绝非一件简单轻松的事

情，除了职业政治家、政治学家和政治哲学家之外，大概很少有人愿意涉猎这一问题论域，平常如此，若遇非常之境或非常之时，这种意愿便更为罕见。当然，想涉足政治领域，甚至欲在政治领域里成就人生辉煌的，从来就不乏其人。按照马斯洛需求心理学的解释，追求人生卓越乃是人的最高心理需求。“沧海横流，方显出英雄本色。险峰峻极，好凭观远岸流霞。”可是，若放心纠结于政治事务和政治关系问题的哲学反思，只求政治之哲思而弗求政治之业成，却不仅仅最难达成人生卓越，反而会累及甚至危及自我人生。职是之故，古今中外真正乐于投身——更遑论献身——于政治哲学者确乎鲜矣！更何况潜心琢磨敌人这一极端主题乎？

然则，不知是由于自家身世之故，还是其自身学术性格使然，抑或是二者兼而有之，门下左氏高山君自入室以来，便义无反顾地直奔政治王国，放言诸如战争、暴力一类的政治主题，其气概颇有几分氏祖季高将军策马纵横的影子。眼下，他又将这部沉甸甸的《敌人论》打印书稿摆上了我的书案，让我瞠目之余，感慨不已！高山君终于完成了他曾经告诉我的政治哲学三部曲：从《战争镜像与伦理话语》(湖南大学出版社 2008 年出版）到《政治暴力批判》(中国人民大学出版社 2010 年出版)，再到这部《敌人论》(已被列入国家哲学社会科学成果文库即将出版)，高山君可谓是层层逼近，步步为营，不只是在一般的政治生活世界而且是在政治生活世界的最险峰上长袖起舞，砺剑高歌。如果说，《战争镜像与伦理话语》作为高山君的政治哲学开山之作还略显青涩的话，那么，《政治暴力批判》则已颇具“十年一剑，一鸣惊人”的不凡气象。我还清楚地记得，在教育部主持的第六届全国高校哲学人文社会科学优秀成果评审会上，负责伦理学成果评审的专家、中山大学哲学系的翟振明教授会评后告诉我(其时，我被莫名其妙地安排成为中国哲学成果评审组的负责人)，《政治暴力批判》是给他印象最深的创新之作，尽管因为种种原因，该书最后被从获奖名单中“撤下”，但作为亲自指导过这部作品的所谓“博导”，我仍然抑制不住心底的自豪。当年，高山的博士大师兄唐文明在完成并出版其博士论文《与命与仁——原始儒家伦理与现代性批判》时，我曾经对文明君说过：“在学术的海洋里，你已经是足以浪遏飞舟的游泳健将了。”如今，高山君似乎在为我再现曾经的景象：他不仅成就了让专家“印象深刻”的《政治暴力批判》，又在博士后及随后的教研期间完成了这部让我击节叫好的《敌人论》，怎不让我豪情复起，感慨重来!

从“战争镜像”的政治伦理透视开始，高山君洞开了“政治暴力”的真相和本质，进而直抵“敌人”这一具有价值判断之绝对性意义的关键理念之根基，将其政治哲学探究推进到了又一个新的高峰。由于多少了解其前两部曲的“基调”和“旋律”，我对他三部曲的最后一部便格外关注，简直是充满诸多好奇和绵绵联想。因此，当高山君请我为之一序时，尽管我当时诸事缠身，还是有条件地答应了他的请求。我的条件是：当且仅当他的硕士导师李建华教授和他的博士后合作导师俞可平教授都能为此书序时，我之序便可忝列其中，且仅作和唱而已。

不过，至今我还不十分清楚为何高山君将自己的政治哲学三部曲主题聚焦于战争、暴力和敌人这三个最具政治张力的议题。我只是猜测，他或许也属于“无所不用其极”的问学求道者。从某种意义上说，战争是政治的最高表现形式，可谓极端政治或政治极端；暴力——更确切地说，政治暴力——是最严厉的政治行动；而敌人及其存在则恰恰是政治暴力和战争得以合法实施的正当理由。战争是政治暴力的一种最具高度、广度和深度的综合体现，当然是一种极端的政治暴力行动；政治暴力诚然不只限于战争，但战争却以最充分也最彻底的方式展示着政治暴力的内涵，而无论战争还是政治暴力都直接关乎敌人这一极端政治化的行动客体(对象)。如此看来，战争、政治暴力和敌人之间原本就是“三位一体”式的政治主题化对象，欲探究其中之一，必牵涉其他二者。易言之，关于其中任一主题的研究都不可在忽略或离开其他二者的情况下达于充分完备。看来，高山君深谙此中深意，故有他如此这般的政治哲学之三部曲谋划。只是此序单为《敌人论》而作，虽不能不借助于高山君政治哲学三部曲的前两部，终究只能聚焦于他的最后一部而言其他。

读过《敌人论》书稿，我所得所感甚多，其中思虑最多的是这样几个问题：首先，敌人何以产生？其次，倘若真如施密特所言，敌友关系是人类社会的基本甚或唯一根本的政治关系，那么对于政治哲学来说，敌友之间究竟如何料理？敌友之外又当如何理解？最后，作为一种具有根本意义的政治关系，敌人与朋友之间的政治紧张是否永远无法消解？若能，又当如何消解？很显然，即使作为“天生的政治动物”（亚里士多德语），人类也不愿意永远生活在敌友关系的持续紧张中而无以逃遁。

二、敌人何以产生

人类何时开始出现“敌人”和“友人”的分别，并开始产生敌友之间的分别意识？这样的提问或许太过笼统以至于根本无法回答。但提出这一问题之所以仍有意义，在于某种形式的历史回溯多少可以提醒我们，作为生命同类，人类其实并不一定同道，关于我们自身生命本性的认同也并不能确保我们的意识相同、行为一致。美国著名人类学家路易斯·亨利·摩尔根在《古代社会》（1877 年）一书中，通过考察人类从蒙昧到野蛮再到文明的早期社会演进，揭示了人类从氏族到胞族再到部落，继而从部落进至部落联盟（民族的雏形）的组织体系发育中政治观念的产生。他尤其关注和分析了人类家族制度——从血缘婚姻家族→伙伴婚姻家族→偶婚制家族→父权制家族→专偶制家族——的历史演变对人类社会和社会关系的原初影响。因为，生命绵延的血缘关联和亲缘关系(affinities)大概是人类最初的“社会关系”。在亲缘关系中，人类群体尚不可能出现真正意义上的敌友关系，最差也只会产生心理和情感上的差异或者隔膜。人类考古学和史学的研究都充分表明，敌人的最初出现与家族及其分化关系不大，与氏族和民族(摩尔根意义上的“氏族联盟”)的群体分化和利益竞争密切相关。随着氏族、民族的分化而产生的利益争夺或战争，创造了人类历史上最初的敌人，以及与之相关的冷兵器、军事(武士、军队和战争)和政治组织亦即国家。对于利益的争夺才是产生敌人与敌友关系的根源。在此意义上可以说，因为有了敌人，才有了政治。或者反过来说，政治的诞生，见证了敌人的产生和存在。在政治与敌人之间，有一种可以互换的建构与被建构的关联。用左高山的话说，“敌人”是一个建构性的概念，也就是说，敌人是被建构出来的。

可是，被建构出来的“敌人”并非是被雕刻出来的雕像，一经雕成便难以改变。《敌人论》作为一部政治哲学著作所关心的不只是作为真实的敌人存在是如何被建构出来的，而且还要且更重要的是要追问被建构出来的敌人是如何成为一种政治意识形态的“敌人”观念的。凭借耐心仔细的词源学梳理，作者发现，尽管原始意义上的“他者”“异己者”“敌手”“对抗者”等含义并未完全消失，但在历史的演化中，一些原有的意义从“敌人”概念中渐渐隐退或者流失，一些新的意味则在不知不觉的时间流动中被添加进来，还有一些概念意义本身也在悄悄地发生改变。问题的关键当然不是这些词源意义的变化本身，因为无论“敌人”的概念变或者不变，真实的敌人就在那里。问题的意义在于：为什么被建构起来的“敌人”总在变化之中？左高山说，国家需要敌人来确认其政治身份和国家认同。或许我们还可以说，敌人更需要国家来确认其政治含义和政治界限。问题是，有国家内部的敌人也有国家外部的或者国际的敌人；还有不同政治党派、不同政治组织之间的敌人；甚至因为国家之间的“合纵连横”，比如，春秋战国时期的“国”际战争，使得昨天的敌人变成了今天的朋友；最糟糕的是，谁也无法担保今天的朋友不会变成明天的敌人！古希腊的雅典与斯巴达，中国抗日战争期间的蒋介石与汪精卫，或者，抗战期间的蒋介石和毛泽东与抗战后的毛泽东和蒋介石；还有第二次世界大战中的美国与苏联和第二次世界大战后的苏联与美国；最后也是最为复杂难解的，是所谓“敌人的敌人便是朋友”这一著名外交论断；诸如此类，不一而足。谁能告诉我们，敌人与朋友为什么会如此变幻不定？究竟哪一个敌人更真实？敌人的这种变动不居是否意味着“国家之间没有永远的盟友，也没有永远的敌人，只有永远的利益”这一帕默斯顿(Lord Palmerston)勋爵式的政治论断，已然成为千真万确的政治真理？最终可以哲学地追问一句：人类社会究竟有没有所谓“政治真理”？

三、敌友之间和之外

敌人的产生及其身份的相对性一方面来自“敌人”在政治世界或政治时空中的变动不居，另一方面则来自我们熟悉的敌友关系之客观存在。这就是说，在政治学，尤其是政治哲学的语境中，敌人常常是相对于朋友而言的，这使得敌友关系成为最重要的政治关系。在此意义上又可以说，没有朋友便没有敌人，没有敌友关系便没有政治和政治哲学。

人类社会史告诉我们，人类对敌友关系的确认首先是通过自我与他者(他人)的区分而得以建立的。事实上，作为敌人的他者最初被视为野蛮人、陌生者、异己者，后来被一步步上升到政治意识形态的层面，类型化为特定类型的敌人，如“敌手”“阶级敌人”“人民公敌”“民族之故”或“国家的敌人”“人类的敌人”等。“敌人”类型的不同，使得所谓“敌友关系”的含义也不一样。野蛮人既然是对外来者、入侵者或者陌生者、异己者的伦理定位和政治蔑视，当然也就是对自我的主体性身份、主体的道德优越性位势和自我在特定之自我—他人的伦理关系中所处的主动、主体乃至主宰地位的自我标榜。然而，这仅仅是自我的单方面自诩而非对方的确认，更何况，当处在自我与他人之关系中的一方产生如此这般的关系和身份意识时，另一方也可能产生同样的关系和身份意识。通俗地说，当你把对方当作自己的敌人时，你自己已然被对方当作了敌人。当然，人类早就明白这其中的关系置换和身份转换的秘密，并找到了有效的方式将之确定并长久固定下来，这就是所谓人类社会的进步或发展的标准：凡处在落后的发展状况中的人群都被那些处在相对先进或发达状况中的人们或明或暗地确认为野蛮人。而无论发生怎样的情况，处在自我与他人关系中的任何一方，都会将对方视为他者、陌生者、异己者。这是人类社会的意识形态，它是政治意识形态的胚胎，但终究还不是政治意识形态本身。

政治意识形态的主要功能之一，是首先严格分清“谁是我们的敌人，谁是我们的朋友”，以便团结人民和朋友，孤立和打击敌人。经过政治意识形态的抽象或者剥离，敌人不再是一般化的野蛮者或他者，而是被严格地分门别类地“锁定”：党派的敌人被归类为“政敌”或“阶级敌人”，国家内部的敌人被归类为“人民公敌”，国家外部的敌人则被归类为民族和国家的敌人。无论以党派或阶级的名义，还是以人民的名义，抑或以国家主权神圣不可侵犯的名义，敌友关系都因此被赋予了最严厉的政治意义，不容任何含糊。而且，经过政治意识形态化了的敌友关系的处理也采用了最严厉的政治方式：通过诉诸法制惩罚、政治斗争，甚至政治专政、政治暴力直至战争，来消除或消灭敌人。政治家们不必用太高的智慧就可以发现，把握好敌友关系并运用好诸种处理敌友关系的方式或手段，不仅可以强化国家的内部治理，而且通过发现甚至建构国家外部的敌人，转移或者汇聚国内政治关注，强化国家内部的团结，从而减缓国家内部的政治压力。《敌人论》告诉我们，作为最年轻且最强大的现代帝国，美国建国两百多年来，先后发动和领导了240多次大大小小的国际战争，以至于有人做出结论，“战争和敌人造就了美国”。美国当代著名的政治学家、哈佛大学的亨廷顿教授也因此相信，一个国家如果没有外部敌人，其社会凝聚力往往会有所削弱，甚至会面临国家分裂和内战的危险。而当国民面对共同的敌人威胁时，国家的权威和资源都会得到加强，国家内部的团结也会增强。

然而值得关切和反思的是，因这类政治效应所带来的政治家或政治集团对“敌人”的政治利用。譬如说，出于夺取和巩固党派政权或者转移国家内部矛盾或政治压力的目的，政治家(更不用说政客了)和当权政府便可能借用、挪用，甚至盗用某种或某些普遍化的正当理由，或者以某种普遍社会道义的名义，有意图、有预谋地去建构甚至虚构“敌人”。敌人的确来自他者，或者说，敌人确实是从“政治之我们”中异化出去的他者，可这一逻辑推理反过来并不必然普遍有效：并非所有的他者、陌生者或异己者都必定成为我们政治上的敌人！行文到此，我突然想起美国的“绿卡”，英文全名为“permanent resident alien card”(直译“永久居住之外来者卡”)。在英文中，“alien”一词的主要意思是“陌生的”“外来的”“异己的(异化的)”。可是，在美国这样一个移民国家，外来者或“新来者”(所谓“the New

Comers”)几乎是除印第安人之外所有美国人的原初身份，他们中的绝大多数非但不是最终也没有成为敌人，而且还依次成为了美国的人民，所以他们才会骄傲地喊出“我们之为人民”(“We, the People”，美国当代著名法学哲学家、耶鲁法学院教授 Bruce Ackerman 之代表作的书名)。

如此看来，他者或外来者并不一定都是“政治之我们”的敌人，一如临时的利益共同体成员并不一定就是“政治之我们”的永久朋友。这促使政治哲学家(尤其是政治伦理学家)必须注意：任何关于政治的哲学和伦理学思考，不能仅仅聚焦于敌友关系之间而无所超越，还必须考虑敌友关系之外的诸种现实的和可能的社会关系。人类的政治关系绝不是孤立的，也不仅仅限于敌友关系之单向度。与陌生人的遭遇有可能是一种不幸，或许因此而增加一个真正的敌人；但这一遭遇也可能是一种幸运，或许因之而幸遇你或你们生命中又一位真正的朋友甚至是贵人。人世间来来往往，步履匆匆，行踪飘忽不定，谁又能预定人生的遭遇呢？人际如此，群际、族际、国际也如此。敌友关系之外，与陌生人的遭遇、常人之间的日常交往，甚至是既有的敌对者之间的交往，还有多少可能的关系？即便是敌友关系之间，谁又能担保所有既定的一切就一定是且永远是一成不变的呢？因为第二次世界大战，罗斯福、丘吉尔、斯大林和蒋介石可以坐在一起举酒干杯；因为日本入侵，民族救亡压倒一切，蒋介石与毛泽东便能兄弟相称握手言欢。

有时候，并非只有战争一类的重大事件才会给敌友关系带来这样根本性的改变，某种偶然的机遇或事件也会化敌为友或者化友为敌。比如说，古希腊特洛伊战争中的名帅阿伽门农与勇将阿喀琉斯之间的故事。

如果从人类的“类意识”来看，更为复杂而具有终极意义的事情恐怕是如何化敌为友？或者，如何最终消除敌人本身？这不仅涉及政治宽容，从根本上说还关乎作为人类的我们究竟如何共生共存、共处共享！

四、化敌为友如何可能

左高山在《敌人论》的最后一章专门讨论了“化敌为友”的问题。他从“没有永久的敌人”之命题入手，进而“宽恕敌人”直至“爱我们的敌人”，以步步逼近的逻辑分析和例证辅助，尝试着解开“敌友关系”的死结。这一尝试是有价值的，但依旧留下了诸多开放的议题，需要更充分的展开深究。

受高山君研究的激发，我大致形成了一些基本上仅限于哲学范畴的解释，并期待对“化敌为友如何可能?”做出一个初步的政治哲学和政治伦理的解答。如前备述，“敌人”和敌友关系意识最初且根本上源自利益矛盾或利益争夺。因此，敌人和敌友关系之紧张的消解最终取决于利益矛盾和利益争夺的止息。这显然是一种现实主义的政治学解释。可是，仅仅限于政治学的视阈，这种消解是无望的，因为政治本身即利益矛盾的产物，也就是我前面所说的，因为敌人而有了政治，因为敌友关系而产生了对政治和政治学的内在需求。

然而，换一个角度或进一步扩展到哲学的视阈来看，敌人和敌友关系会有一种新的也许是更本原的理解。哲学自它在古希腊诞生起就建立了一种主客两分的认知框架或方法，从“惊异”(wondering)于外部世界开始，到“识汝自身”(“know yourself”，最初为铭刻于德尔菲神庙门楣上的箴言，后来成为苏格拉底一个最著名的哲学命题)的转折，主客两分几乎成为哲学的信条，从此影响深远。至近代，法国哲学家笛卡尔将这种主客两分的认知方法发展为一种系统完备的哲学方法论，成为西方思维模式的基本原理或原则。按照主客两分的认知原理，不仅人类的一切认识活动都是从自我主体出发的，而且这种主体意识同时也是主体存在及其意义的先在证明。笛卡尔的所谓“我思故我在”不仅是一个认识论的主张，同时也是一种主体存在论的证明：作为具有理性思维能力的生命存在，主体自我之思(“我在思想”)亦即主体自我之在(“我活着”)的明证。因而，自我主体的在先性逻辑预定不期然地蕴含了自我主体存在的优先性结论。于是，作为主体认知投射的客体，便随着他/她/它被对象化、客体化而被至于次要、从属或与主体相互矛盾甚至相互对立的位置。诚然，这并非主客两分模式的唯一推论，但却是一种较为自然的逻辑推演和逻辑结论，倘若它得到大量现实生活经验和实例的证实，则很可能成为人们习惯性的认知逻辑推理和价值判断依据。不幸的是，近代西欧早期的资本主义或商业社会的经济实践，既受这一思维逻辑的深刻影响，又以其现代经验事实给予这一思维模式以空前强力的实证支持。

于是我们看到，自16世纪开始，作为现代化先行者的欧洲便在一场旷日持久的利益争夺中，上演了一场关于敌人和敌友关系变幻不居的多幕剧，或悲或喜，此起彼伏。先是荷兰与西班牙等国的海洋霸权争夺，随后是英国海洋霸权的崛起，接着是大英帝国的雄霸天下，继之便是德意志先后两次发动世界大战，最后促成大西洋彼岸美帝国的超级霸权。这其中，谁是谁的敌人?敌友关系发生着怎样的变化?任何一种真实的解答都能构成一部充满鲜血、泪水和浩叹的现代社会断代史!马克思曾经凭借其资本分析，揭橥欧洲近代资本主义初期无产阶级与资产阶级的阶级矛盾和冲突，阶级剥削和阶级压迫成为马克思关于无产阶级革命和解放理论中独特的敌友关系镜像。马克思理论中的敌人主要还是“阶级敌人”，可让他始料不及的是，阶级之间的敌友关系后来竟然演变成了民族国家之间的敌友关系，后者的紧张爆发不幸酿成惨绝人寰的世界大战，国家政治意义上的敌友紧张也扩大为国际政治意义上的敌友决战。更为复杂的是，分属于社会主义与资本主义两个在马克思看来完全异质的人类社会阵营的国家，却因为民族战争而成为战时的朋友，而同属于资本主义阵营的国家却反而成了相互的敌人。两场世界大战，特别是波及几乎整个地球的第二次世界大战，让全人类认识到了国际战争中的敌人与朋友并非不可改变，战争中的敌友关系张力远甚于阶级革命中的敌友关系，史无前例的战争暴力把国家政治和国际政治都投进了硝烟烈火，经受着极端严酷的炼狱，烤得一片焦土。

于是，一些哲学家对主客两分的哲学思维模式更加确信不移，甚至将之看作不可变更的人类关系定式，客体或者他人被赋予更加极端的否定性含义。比如，法国存在主义哲学的代表人物萨特，便通过其剧本《间隔》中的人物喊出："他人就是地狱！"把主体的"被注视"也就是"被客体化"视为人之主体性存在与自由的最大障碍和威胁。不过，另一些哲学家则开始反思这种主客两分的思维模式，力图突破过于消极的人际和群际之间相互客体化的片面理解。例如，海德格尔相信，人的存在样式并非只有自我主体存在这一种可能性，"共在"(co-being)、"让在"(let-be)甚至是"交互主体性"(inter-subjectivity)存在也是可能的。

尽管如此，西方哲学，尤其是西方近现代哲学的主客两分模式非但没有发生根本改变，而且随着西方现代性的不断强势而变得更加牢固，也更为苛刻。从老牌的欧洲帝国到当代强势的美国，主客两分、非友即敌、唯我独尊的"冷战式"思维定式依然支配着他们的政治思维和外交策略，成为其话语霸权的语法铁律。坦率地说，沿着这种绝对的主客两分性思路和原则走下去，很难看到人类社会真正能够化敌为友的希望，如同仅仅信奉"丛林规则"的人们很难走出荆棘丛生的"大林莽"

一样。也许，在人类社会的多数政治情形中，我们的确还不得不徘徊在“丛林规则”所支配的林莽之中而难以穿越，但永远如此，人类社会将陷入无可救药的绝望！

感谢上苍！历经几千年的文明历程，人类不只拥有一种哲学或一种智慧，即使西方哲学本身也不只是一种思维模式的单声独奏，至少她还有倡导人类博爱和“四海之内皆兄弟”的基督教宗教哲学！我不是文化民族主义者，但我相信，在我们自己悠久而丰富的优秀传统文化中，或许可以找到一些解答“化敌为友如何可能?”的资源和启迪。儒家教导人们忠恕之道：最好能够“己欲立而立人，己欲达而达人”，最起码能够“己所不欲，勿施于人”。遵循先义后利的行为原则，追求“仁者爱人”，儒家的丰富学说和教诲的确给人类提供了解决各种人伦矛盾、协调复杂之人伦群际关系的“中庸之道”，只是儒家学说或者过于偏执日用人生和日常伦理，或者入世太深而期于高堂政道，终究难以让人完全超脱利益纠葛，完成化敌为友的政治伦理使命。所以，一旦遇到复杂难解的世俗价值冲突，便不得不剑走偏锋，少数极端道义论儒家（如宋明理学、清儒戴东原）甚至还提出“存天理，灭人欲”的激进吁求。人欲不存，天理何存?儒家的困难在于，如何使得一种偏于宗亲血缘和“熟人世界”的美德伦理，能够普遍化为适应于现代公共世界或“陌生人世界”的政治伦理?如若无法解决这一问题，则儒家学说即便能缓解乃至消解某一特定范围内的利益矛盾或价值冲突，也难以化解普遍存在的敌友紧张。

相较而言，道家的主张更为温和也较为彻底。以“道法自然”来化解诸种人为瓜葛和冲突，至少是一种比基于宗亲伦理或“熟人关系”更为普遍的理由，以此来化解人类诸种利益冲突和敌对紧张，理应更有道义和哲学的有效性，因而也应当更具思想说服力。易言之，以“自然法则”的名义要求人们降低甚至放弃自我的利益诉求，显然要比用亲缘伦理的美德规范来要求人们降低甚至放弃自我的利益诉求来得更有普遍道义的力量。然则，由于道家学说有着一种天然的“政治冷漠”倾向，加之“道法自然”所提示的自然法则本身只是一种哲学预设而非纯粹的信仰，因而道家同样难以根本解决人类的利益矛盾和价值冲突，因之也难以充分回应“化敌为友如何可能”的问题。

在儒、释、道“三教”中，最为彻底的解释是由佛教提供的。佛教既告示人类“众生平等”，又告诫人类“诸法空相”，让人们相信一切利益诉求都会产生烦恼和痛苦，只有看破，才能放下；只有放下，才能自在。佛教的教义逻辑上破解了“化敌为友”的难题：既然一切敌友关系紧张都根源于利益冲突，那么，解除利益冲突也就意味着化解导致敌友关系紧张的根源。看破并放下利益诉求是彻底消解利益冲突的方式。放下即无求（任何利益），因此可以最彻底也就是从根本上解决一切利益冲突。可是，佛教的这一教诲虽然具有最彻底的逻辑说服力，却并不同时具备现实合理性。因为，这一逻辑是以信仰为其前提条件的：当且仅当人们相信并承诺佛教教义本身，才会认同、接受、践行佛教的信条。也就是说，佛教的解释力量只能寄托于宗教信仰，因此其现实合理性只能相对于佛教信徒而言，而对于非佛教信徒来说，其说服力或有效性尚须存疑。

然而无论如何，古今中外的高僧大哲们已经给我们留下了足够多的思想智慧，让我们有可能借助人类现代文明的资源和条件，来解答“化敌为友如何可能”的问题。西方传统哲学的主客两分性思维模式提醒我们，敌友关系源于自我与他人之间的视差，而导致这一视差的显而易见的原因是利益矛盾或价值冲突。因此，欲化敌为友，必先化解基于主客两分的敌友关系之间的紧张。中国传统文化——包括儒家的道德哲学或伦理学、道家哲学和佛家宗教——则提示我们，欲化解人们之间的利益矛盾和价值冲突，有三种不同的路径或法门：或以义制利甚至义以去利，从而缓解或消解人们见利忘义、逐利害义的冲动；或顺从自然(本性)之道，返璞归真，复归婴儿之无利无害之单纯本心，从而去人伪于本性、防利害于未然；抑或更彻底地看破红尘、放下执着、自在空相，从而根本消解人之趋利之心，消弭人我之隔，达于无我两忘之境。

总之，化敌为友是有条件的，而且这条件并不一般，多而且高：他人终究不是自我，我、你、他或者我们、你们、他们的分别不仅客观真实，而且不可简单消弭。文化人类学家强调：不同人称代词的产生乃是人类意识和认知进步的标志，近代人文主义者甚至把自我意识的觉醒看作人类现代文明的伟大成果。所以，当“化敌为友如何可能”的问题要求我们突破和超越主客两分的模式时，所需要的不仅是对这一既定模式的反思批判，而且还需要寻找或者创造一种足以替代主客两分模式的新的人类关系模式。与之类似，人类的利益诉求是自然而然的，其利益竞争在所难免，因为资源的有限性与人类欲望的无限性之间始终存在着无法解决的矛盾，凡利益竞争必产生利益矛盾和价值冲突。如何消解人类社会的利益矛盾和价值冲突？儒家提供的是一种缓解而非消解的道德解决方案；道家的方案与其说是解决毋宁说是逃避；唯佛教的方案完全彻底，可惜它只能是适应部分人亦即佛教信徒的解决方案，而非适应所有人的解决方案。

于是，绕了一大圈，我们最后还是不得不回到现实中来。敌友关系及其解决亦即所谓“化敌为友如何可能”的问题所面对的现实是政治的现实。因此，政治因敌人而生，这意味着面对并处理敌友关系乃是政治的首要工作。然而，最高明的政治却不是为了消灭敌人，而是消除敌人。就此而论，我们甚至可以说，政治因敌人而生，也应因敌人的消失而终结。同理，政治哲学的基本问题是如何料理敌友关系问题，敌友关系的确如同施密特所言是最根本的政治关系，然而，真正高明的政治哲学却不是可以对敌友关系提供最好解释、最好分析和最好论证的政治反思，而是可以对“化敌为友如何可能”这一具有终极意义的问题提供最佳解答的政治哲学谋划。

行文至此，我又一次想起了两位西方哲人关于政治家的分类和比较：德国哲学家康德曾把政治家区分为“道德的政治家”和“政治的道德家”，并坚定地把前者看作人类政治生活的幸运。刚刚去世不久的著名政治哲学家罗尔斯更明确地指出，真正的政治家只关心选民，而政客则只关心选票。我想接着他们的话说，倘若政治哲学要真正充分有效地解答“化敌为友如何可能”的问题，那么，它恐怕不能只局限于政治哲学自身，还需要借助于道德伦理和宗教智慧。理由在于：消解敌友关系的紧张甚至化敌为友，不仅需要诸如政治宽容一类的智慧，还需要足够的道德资源和信仰力量，比如，儒家的忠恕仁爱和佛教的脱俗信仰。也许是因为我的职业习惯，即使在对待敌人和敌友关系这类极端严肃的政治课题时，也免不了对道德伦理和心性信念之精神力量的心属与执着。我总是在想，什么时候人类的“类意识”也能像现代人的“自我意识”这样充分自觉，并且形成理性而普遍的“我们之为人类”的共识，那时候，所谓“化敌为友如何可能”的问题也就成为多余的提问了。高山君告诉我，他觉得《敌人论》的研究尚未完成，他对此还有话想说。我听后甚为欣慰，对他的未来研究又多了一份期待。

成稿于2015年12月底，2016年1月31日凌晨改定于北京蓝旗营悠斋。左高山:《敌人论》,中国人民大学出版社 2016 年版。原序曾以“化敌为友如何可能?”为题,原文刊于《读书》杂志,2016 年第 4 期。发表有删节,现以原题恢复原文重刊之。

去国方知故国愁

——陶涛《城邦的美德——亚里士多德政治伦理思想研究》序

这是一篇仿佛隐藏心底许久却又偶然流出的书序。

一、引言：文化乡愁与政治乡愁

又到春节，超过13亿人次的国民返乡过节，举国大流动的景象蔚为壮观，举世瞩目。经济学家从中看到的是节期旅游消费之于GDP的经济拉动效应；社会学家关注的是社会人口周期性流动所产生或隐含的种种社会动态效应；人类学和文化学者留意的是在此传统节日期间不惧山高路远、辗转返乡的人流中，回荡升腾的缕缕亲情、乡愁，或者家国情怀。难道这就是所谓“还乡不惧家乡远”吗?

可是，究竟是什么使得如此家国情怀和文化乡愁在这一刻显得这般浓烈？仅仅是因为“他乡没有烈酒，没有九月九”吗？关于家和还乡，以及亲情乡愁，伦理学学者如我者会有多种解释，比如，血缘人伦、亲缘团聚、故土乡念、节期、礼仪、传统等。我还会因此而想起自己的某些亲身经历，事实上，一些朋友乃至我的一些学生曾经告诉我甚至严厉地指正过我，说我自从二十多年前哈佛访学归来之后，思想便发生了变化，而且出国越多，变化越大，似乎总体上越来越趋于文化保守了。虽说感觉和印象不一定可靠，可终究其出有因，不可不察。至少，我得承认，我对家乡、故土、国家、国土、国学等问题的意识的确是因为出国、远离故土而变得渐渐强烈和清晰的，或可谓“去国方知故国愁”罢！

我的(但我相信绝不只是我一个人的)这种感受是否印证了所谓“距离产生美”的美学箴言？抑或，别离、远离或者距离不仅会产生美，而且还能产生善？英国18世纪最伟大的哲学家休谟说过，人类的情感才是道德的真正来源，因而善首先是一种人类情感价值而非知识价值。乡愁既然关乎家国，也就具有了一种伦理情愫甚至政治情怀，因此才会有所谓“文化乡愁”和“政治乡愁”。如果说，文化乡愁意味着人们对亲情故土所怀有的一种天然的伦理依恋和道德记忆，那么，政治乡愁便是国民对于自己的祖国或母亲之地所怀有的一种社会化了的政治归属感或政治伦理认同。毫无疑问，无论文化乡愁还是政治乡愁，都是蕴含着深厚的道德伦理意义和政治内涵的特殊的人类情怀，这大概就是人们通常所说的家国情怀。世存伦理善恶，人有国家情怀。乡愁一旦浸染文化价值，情怀便不止于琴棋书画、诗词歌赋，而必定关乎社会政治甚至家国伦理了。

那么，如何理解这种家国情怀呢？尤其是，在一个经济全球化的时代，如何理解国家或者“民族—国家”呢？关于家和家族，我们的先人已有太多极为深刻而智慧的阐释，至今依然富于启迪和警示，而关于国家或“民族—国家”，虽然也不乏传统的思想资源，但由于现代政治社会的深刻改变，尤其是因为经济全球化浪潮给现代国家理解所带来的前所未有的冲击和挑战，似乎留有巨大的不确定性和开放性，需要给予新的政治伦理阐释。春节寒假，幸得些许自由时间，可以做点读书写作的正经事儿。说来机缘巧合，让我静下心来进入“学术阅读”状态的，竟然是门下陶涛博士年前完成的《城邦的美德——亚里士多德政治伦理思想研究》书稿。这是一本即将出版的关于古希腊城邦国家和古典政治伦理的专著，陶涛君早就请我为之一序，只是因为日常事务冗繁，久拖不恭矣。借此机会，我既可以复习一下有关古希腊哲人的城邦伦理或国家哲学，又可以把自己的读书心得和偶得之思写出来以答君命，何其悦乎！

二、隐没于无意识的国家意识

在人类意识生成的过程中，国家意识或政治意识远远晚于人类对自然（宇宙）的对象（客观）化意识和人类的自我意识、家庭意识。换句话说，人类的国家意识只是在作为人类社会政治共同体的国家形成之后才逐渐开始生成的。德国哲学家黑格尔说，国家意识和国家伦理是一种最具绝对普遍性和客观性的神圣意识，国家伦理具有绝对伦理的性质，因为国家是“地上的神物”，人民的国家意识和国家伦理本身最能体现“绝对精神”的伦理意义，因而它是人类理性辩证法发展的高级阶段。黑格尔的说法多少类似于古希腊哲学家亚里士多德，后者把个人善或个体美德看作个体小善，将城邦国家的善视为大善。不过，也有另一种不同的见解，比如，在康德那里，作为人类最终理想的政治共同体不是国家，而是人类社会的“自由联盟”。也就是说，在康德的心里，不仅有基于自由理性的国家伦理，还有基于人类理性的普世伦理，而且后者比前者更具普遍意义，因而也更为神圣。

可是，哲人之见往往流于抽象，在现实生活中，人们的国家意识或国家观念却常常只能见诸他们的日常生活经验和心理感受。而且，由于日常生活世界被诸如柴米油盐、饮食男女所充满，且日复一日、年复一年，人们的生活经验和心理感受似乎常常只有家的行迹而罕有国的踪影。毫不奇怪，没有人会淡忘自己的家庭和家乡，因为我们生于斯，长于斯，日出而作，日落而息。家是我们生活的日常出发地和归属地，是我们生存和行动的原点，无论我们行走多远多久，终究都会返回此地，歇息、相聚、安顿。然而，并非每一个人都能如此这般地感受国家的存在，在人们的日常生活经验中，国家仿佛如同家园外的山川，甚至是流动天边的风云，自然而然得让我们很难有切身的感受，除非我们远走他国，或者国家不幸遭遇外来者的入侵。政治家和政治

为国家公民之政治身份的自觉认同，以及对于这一政治身份所蕴含的基本政治权利和政治义务的自觉承诺，基于这种认同和承诺所形成的国家政治意识便是一种真正意义上的国家认同。

三、国家认同和国家伦理

国家认同既是国家政治意识的汇聚，也是国家伦理得以建立的政治基础。然而，公民的国家认同并不是自然而然地生成的，更不可能一蹴而就。虽然按照罗尔斯的说法，国民资格的获取是天然的，所谓“因生而入其中，因死而出其外”，指的是一个人的国籍或国民身份的自然取得样式，但出生或终老于某一国家的国民身份，毕竟还不等于一种充分的或政治意义上的公民身份。换句话说，公民身份是以公民个体的个体人格认同和政治身份自觉为其前提条件，以其公民资格（亦即诺齐克所说的“the entitlements of citizenship”）的完整获取为其政治确认。你不可能指望一个未成年的孩子能够很快形成清晰而健全的国家意识，因为孩子依然还在寻求自我人格认同的途中，他连自己是谁都还没有弄清楚，如何要求他弄清楚国家及其与他自身的政治关联呢？在这一点上，儒家的说法千真万确：每一个人的认知都需要从家庭伦理开始，再渐渐扩展开来，由家至国，最后达于天下。当然，如果从现代认知心理学的视角来看，儒家似乎还应该先考虑从自我到他人，而后再推至家、国、天下，如此或许更适合现代人的心理认知习惯。

从个人的意识或认知次序来看，一个人首先得弄清楚“我”或者“我是谁”(Who I am?)的问题。这当然不是说个人的人格认同过程可以完全离开其社会认同、政治(国家)认同和文化认同，而只是说人格认同是每一个人首先意识并寻求的自我认知目标。人格认同的核心是建立一个清晰的“我是谁”的自我认知概念，没有这一概念作为起点，人们的其他认知就无从谈起，诚如罗尔斯所言，我们总得“从某处开始(from somewhere)”，而不能像一些执着于所谓“政治中立性”的自由主义思想家那样，把人们的政治观点和立场视为“无从之见(from nowhere)”。

人格认同本身可以被看作一个现代性问题：只有当人们置身于现代开放流动的生活世界时，个体的人格认同才会成为一个具有政治意义的问题。概言之，西方人的人格认同更关注个体自我的身份确认，也就是偏重于弄清楚“我是谁”的问题。如何回答“我是谁”？多数西方人文主义者给出的答案是类似于罗尔斯的那种天赋人权论解答，即作为人类一员的我和我的国家公民身份乃是自然而然的(by nature)，仿佛天赋。这正是西方“天赋人权”观念的先验预定，因此，它才是神圣不可侵犯的。不过，马克思和一些历史主义思想家提出了另一种解答：人的身份或自我认同必须置于其所处的“现实的社会关系的总和”和特定的历史语境之中才能得到确认，否则只能是抽象的。倘若仅仅局限于你、我、他的天然出生，大家的身份都是天赋的或自然而然的，又如何将无数个你、我、他区分开来呢？比如说，既然得自天赋，为何你出身高贵因而坐拥一切，我却因为出生贫贱而一无所有？同属一个国家甚至一个城市，为何他可以自由行走于庙堂之上，而我却只能无奈地身处江湖之远？显然，天赋人权论不足以真正解答"我是谁"的问题。

在中国文化语境中，个体人格认同问题不仅要回答"我是谁"的问题，而且还要回答"我从何而来"(Where I came from)的问题。如果说，前者关乎个体人格的"本质"，那么，后者则关乎个体人格的历史生成。易言之，前者属于哲学之"存在暨本体论的"(海德格尔语)、空间性的或本质主义的自我定位，后者属于历史根源性的或时间性的自我定位。这也正是为什么西方哲学家和伦理学家总习惯于谈论所谓"to be" or "ought to be"(所谓"是然"或者"应然")，而中国儒家却习惯谈论"becoming a human" or "should do"(所谓"成人"或者"应做")的主要缘由之所在。

从人格认同到国家认同实际是个体从自我、家庭走向社会和政治生活世界的人生社会化过程。人们首先确认自我和家的归属，尔后逐渐扩展自己的生活世界，步入社会，参与政治，"人们"因此而成为"人民"。一方面，人民对国家的归属感确实具有"天赋"的神圣性，无论你是否愿意甚至是否选择，你出生何处即归属哪国，国家一如家庭是我们每一个人都无可选择的。罗尔斯的论断在本源论意义上不仅能够成立，而且对于我们理解我们自己作为国家公民的政治身份及其神圣意义来说，有着“在先预定”和“天然正当”的政治伦理含义。行文至此，我突然想到这些年来不少国人想方设法去美国生孩子的现象，我不敢断定他们所有人都是想以最简明直接的方式，给自己的孩子谋求另一种国家归属或者另一种国籍的可能性，但至少他们中的许多人是想给自己的孩子“开辟”另一种政治生活的新选择。

然而另一方面，作为人民的政治身份或者国民资格的获取与拥有，又并非是“天然的”或“自然而然的”，毋宁说是“理所当然的”。这里的所谓“理”之所存，不在人之所“生”，而在其所“活”！也就是说，我们之为人民的根本，并不在我们偶然出生在某一个国家或罗尔斯所谓“因生而入其中”，而在于我们真正获得作为国家公民的“政治资格”或诺齐克所谓“the entitlements of citizenship”之政治身份。陶涛的研究表明，古希腊的雅典作为一个典型的“城邦—国家”(city-state)，并没有赋予所有在雅典出生的人以雅典公民的政治资格，当然更不用说那些外来的异邦之客了。异邦人和奴隶不能成为雅典公民。亚里士多德甚至更为苛刻：即使一些“雅典人”符合雅典城邦关于雅典公民的资格规定，也不能被赋予公民资格，只有“那些参加司法事务和治权机构的人”(《政治学》，1275a20)，或者“凡有权参与议事和审判职能的人”(同前书，1275a33)，才能享受充分合法正当的雅典公民资格。的确，即使获取国家公民资格的条件没有像亚里士多德所说的那般严格，也是有着严格且严肃的政治要求，甚至是自然条件要求的，例如，成人年龄标准、对国家宪法规定之公民权利和公民义务的承诺等。在现代国家里，公民资格或个体之基本政治身份的获取同样也是有条件的，只是在不同的国家，因社会基本制度、历史传统、族群构成、人口、地缘等因素的差异而有所不同罢了。

然而，谁代表国家？或者说，谁能代表国家来审定国民的政治条件并授予他们以公民资格呢？“国家”是一个政治理念，一个严格的政治共同体，一个具有特殊历史维度和文化维度的命运共同体。人民，也只有人民而不是任何个人或团体，可以一劳永逸地充当国家的“全权代表”，人民才是国家的真正主人或主体。布鲁斯·艾克曼(Bruce Ackerman)之所以把“人民”作为宪政立国的唯一根基，提出“我们之为人民”的法政理念，根本的理由也正在于此！如此说来，我们的公民资格其实是我们自己赋予的。“从来就没有救世主，也没有神仙皇帝”，可以赋予我们公民资格和政治身份的，只能是我们之为人民自身！可是，我们自己赋予自己以公民资格，是一种有逻辑矛盾的说法，似乎既不通政治道理，也不合政治常识，更不合乎我们的直觉理解。事实是，作为人民的我们出于生活安宁和福利的目的，通过创建公平正义的社会基本制度(立法)，依此建构我们共同的政治共同体(国家)，进而选举能够代表我们大家来操弄和运作社会基本制度的政治权力机构（政府行政）和监管机构（司法），这其中，最核心的是按照社会的根本政治制度（宪法），给全体公民分配基本的政治权利和政治义务，从而使得所有符合基本资格的国民充分享有其公民资格。在此意义上，与其说公民资格是我们自己赋予自己的，不如说我们是凭借社会基本制度安排——特别是国家宪法——来获取的。职是之故，我们可以说，公民资格的获取和享有问题根本是一个国家的制度安排问题。

公民资格的获取过程，也就是我们形成国家认同并获得政治身份的过程，而国家认同的确立，同时也意味着作为人民或国家公民的我们对国家伦理的政治道德承诺。因此，所谓国家伦理，实际上包含两个方面：一方面是通过社会基本制度体系所表达的政治伦理目标和要求，它们是构成国家伦理规范的基本要件，主要包括以下几点，以制度正义为主要内容的政治正义，亦即对社会基本权利和义务的公平正义的制度安排或公正分配；以维护、发展、捍卫国家安全与发展为基本内容的国家忠诚；公共政治参与；国家公共资源的共创与共享；等等。另一方面是公民自身政治美德的培养，主要是包括社会团结、社会责任、公共理性、爱国主义等在内的公民美德的教化和培养。我想强调的是，国家伦理并非一套单向度的、外部加诸的政治伦理规范或社会客观要求，而是基于基本政治正义原则——亦即政治权利与政治义务公平对等分配原则——所提出的政治伦理要求，它是公共的、普遍有效的，更是——在作为政治共同体的国家范围内——国家全体公民内在（自觉）认同并真诚承诺的，因而常常既具有社会“底线伦理”（the minimal requirements）的意味，也应成为全体公民的美德自律。易言之，就国家伦理而言，既没有无义务的权利，也没有无权利的义务！权利与义务的对等和公平分配也就是所谓社会正义或“政治正义”（罗尔斯语）的本义。

四、无法作结的结语：只因政治乡愁！

明确国家认同并确认国家伦理，便可确立一种真正健全的国家观念；倘若能够承诺并践行国家伦理，那么，无论在国还是去国，也无论身在何方，心中之国便有了“祖国”或者“母亲之地”（“motherland”）的意义，而离别或者距离也就不再显得无法逾越。

然而，在经济全球化的现时代，谈论所谓国家伦理甚或爱国主义，似乎显得有些“不合时宜”（仅仅在尼采意义上说）。关于民族主义的争议已然很多！可是，我们似乎还没有充分意识到这样一些极为重要的问题或者事实：国家认同和国家伦理绝不仅仅是一个现代性问题，尽管我们的国家意识和国家伦理早已浸淫深厚的现代国家观念色彩，可迄今为止的国家建构和国家样式仍然是“民族—国家”，而非单纯的“政治国家”；拥有五千年文明史且唯一幸存的古老帝国与后发的社会主义现代化国家之双重身份的我们，似乎远远没有真正建立起“健全面理性的”国家观念；支撑乃至宰制现代国家观念和国家行为的根本因素依然是“国家利益”；凡此种种，对于今天的中国和中国人民来说，似乎都还是刚刚开放的课题。

的确，我们拥有极为独特而成熟的关于“家”和“家庭”的伦理文化理解，也拥有相当独特而圆融的关于传统国家的政治伦理理解，但这并不等于我们同样拥有成熟系统的关于现代国家的政治伦理理解。无论是家庭伦理理解，还是乡土社会理解，抑或是传统国家的政治伦理理解，都很难自然而然地成为我们理解现代国家之政治、伦理和文化的思想资源。“家”与“国”之间不仅有着伦理诉求与政治诉求的差别，而且也有着家庭伦理与政治伦理的差别：滋生乡愁的是一种蕴含血缘、亲缘和地缘的情愫与依恋，一种基于伦理认同或道德认同的独特的伦理归属感；而滋生国愁的则更多的是一种基于历史传统、文化谱系、人种同源、民族归属和祖国认同的情怀与归依，一种公民个体或民族同胞对特定政治共同体或命运共同体的政治归依或政治伦理归属感。

然则，无论乡愁还是国愁，都有着一种相似的“地缘”情怀。易言之，无论是我们的生长之地还是我们的母亲之地，都是我们无法忘却、无法割舍，更无法让渡的生存“属地”。正由于此，爱家与爱国，或者，家亲论与爱国主义，都有其充分正当的存在理由。当一些人以普遍主义的名义指控爱国主义的民族主义褊狭时，他们所凭借的是某种或某些“更高的”或“更普遍的”价值理念，以及某种形式的“想象的人类共同体”；相反，当另一些人以特殊主义的名义拒斥普遍主义的同质化企图时，他们所依据的是“世界无政府”“文化多元论”“民族多样性”和“民族—国家”的现实特性(借用英文中的“status”一词，有“特性”和“身份”等多重意思)及其不可消解性。争执的双方似乎无法调和，也都可以轻而易举地找到现实的实例作为证据。比如，“地球伦理”“经济全球化”和“全球生态(环境)伦理”等；或者，“不同社会制度体系”“文化和民族的多样性”“种族权利”“宗教信仰差异”等。

我是一个政治伦理的调和主义者。我的国学和诗学老师范曾先生曾题书一联以教我，其书云：“道德千秋追至善，文章一世至中和”。“文章一世至中和”的师嘱已是不可企及了：从南国康乐园到北都燕园之同学少年时，剑走偏锋的文章说辞多矣！然而，年过不惑，吾心幡然，吾文亦有迥别。关于国家和国家伦理，我想借用屈子的《离骚》和杜工部的“秋兴八首”，以及罗尔斯的《万民法》来奉劝那些坚定的普世主义者，因为我坚信屈子和杜甫关于故国家园的情怀与诗心，也相信，罗尔斯一反其《正义论》和《政治自由主义》关于正义原则的普遍道义论姿态，拒绝将其正义第二原则——即“惠顾最少数处于最不利地位者”的“差异原则”——扩展到民族之间，反而把不同的“民族—国家”分为三六九等，也是他真实且真诚的理论立场。同时，我也想和那些执着的特殊主义者一起分享宗教伦理学家莱茵·

尼布尔在其《道德的人与不道德的社会》一书中提出的警示：如果无视人类共同体的存在意义和人类共同的前途命运，逃避人类共同体的责任，所谓爱国主义就会不幸地变成一种“扩大了的(国家)利己主义”。

我明白，理论的调和并不轻松，行动的调和同样沉重，而游走于诗与政治之间更是危险。但我真的无法做出一种政治伦理的抉择(alternative)！甚至无论故乡还是故园，我的依恋和情怀都是一样难以放下，一样真诚。也许我真正唯一能做且应该做的是，在即将结束这篇所谓“序”之前，再一次向陶涛君提议：学习政治伦理的路何其修远，让我们师徒继续携手前行吧，即便我们没有直抵西天、取得贝叶并修成正果的那一天！

此外，正欲关机歇“笔”之际，忽听到香港凤凰卫视的报道：有如海啸汹涌的欧洲难民潮又遇新尴尬，匈牙利政府因不堪难民的蜂拥冲击而决定关闭有关边境入口。更让我吃惊的是，中国的广州等地也正承受着越来越重的外国移民“进入”和难民“涌入”的负担，仅广州一地在短短十余年间“涌入”的各国移民和难民就已达近50万，而且人数正在快速增长。最让人头痛的是，无论是发生在欧洲的难民潮，还是发生在中国的移民暨难民潮，都存在恐怖分子隐杂其中的实际危险。从什么时候开始，我们这个国民出走大国也不知不觉地变成了移民和难民的目的地呢？现如今，这世界的沧海桑田真让人感叹不已啊！看来，承受这政治乡愁的已经不只是那些去国的游子，还有那些经受移民暨难民涌入的国家和地区。如是观之，我这篇小序或许不幸真的成为关于政治乡愁的引言呢。确乎，有关这一论题的探讨才刚刚开始，只是囿于论题、论阈和篇幅，我只能将之留作下回分解了！是为憾，亦望焉！

陶涛:《城邦的美德——亚里士多德政治伦理思想研究》，上海三联书店 2016 年版。本序初稿成于农历丙申春节，二月初二改定于北京蓝旗营悠斋。原文刊于《博览群书》杂志，2016 年第 6 期。

路难岂止是长安

——陈华文《政治审慎与民主治理》序

唐代边塞派诗人岑参在其《送张秘书充刘相公通汴河判官，便赴江外觐省》一诗中有句：“因送故人行，试歌行路难。何处路最难，最难在长安。”诗人吟送的故人显然是一位身处庙堂之上的官人，与诗人交谊匪浅，临别之时让诗人对其“仕途”多有挂怀与关切。作为帝都的长安为何“路最难”？诗人的解答很清楚：“长安多权贵，珂佩声珊珊。”却原来，长安之路乃最高阶“仕途”之所谓，“路难”者实乃为官之难之所谓者！而就为官之难来说，官居帝都长安这一高官云集、“珂佩”声漫的政治高地，自然而然地称得上是难上加难，以致“最难”的“蜀道”无疑了。

追问其实，为官之难者说，古今中外概莫能外，只不过于斯为盛罢了！古之为官，臣属帝王，最多只能在皇帝膝前讨饭碗，虽有金银铜铁瓷什诸多级别之分，但绝少胆敢窥视神器者，除非天翻地覆、改朝换代。然则，如今之世，民主昌盛，政治权力被视作公共权力且被定义为“对所有人开放”的诸多机会之一种，于是难免有步步登高、一往无前的晋爵不止直至巅峰的冲动，其间的路途和风险自然较之古代政治有过之而无不及了，至少从公共开放的权力逻辑结构来看当是如此。不过，这并非门徒陈华文及其新著《政治审慎与民主治理》所关注的主题。我了解，关于政治，华文君和我一样都只在乎其间的哲学之问，绝无问权干政之心。他经年累月所思考探究的政治哲学主题是作为政治美德的“政治审慎”(political prudence)，以及政治审慎的美德在古代和现代民主政治中的政治伦理意味。他研究政治审慎，自然也应略谙政治哲学研究者的审慎美德，所以将其哲学思考的焦点汇聚于古希腊和现代民主政治之一般，仿佛在他看来(在我看来则未必)，这样才是一种政治哲学研究的审慎美德。读过氏著，如三杯入怀，引发我自己对一些相关问题的“想象性”政治哲学思考甚或“杞人忧天”式的政治现实关切，其中最主要的问题是：为何政治审慎能够成为一种政治美德？为何仕途艰难？进而，作为政治美德的政治审慎是否仅仅是为官者的政治美德？易言之，公民或官僚之外的其他“政治人”(康德语)为什么也需要具备政治审慎的美德呢？读之品之，问之思之，于是便有下面这些文字，或可答君之序命。

一、“政治智慧”抑或“政治智虑”

按照古希腊哲学家亚里士多德的说法，人乃是天然的“政治动物”。在我们这个迄今为止被证实是唯一存在生灵且普遍都遵循着“万类霜天竞自由”之法则而繁衍的星球上，人类之所以本能羸弱却反而能够生长绵延、不绝于寰的根本原因，主要在于人类选择了以社会组织的方式集群而生、组织而动。生物进化史或者赵忠祥主持多年的电视节目《动物世界》告诉我们，在我们这个奇妙的星球上，生命存在的规律并非简单地强者生存，而是适者生存。就生命力量或本能来说，恐龙不可谓不强，可不知何时它却莫名其妙地从地球上消失得无影无踪，如今只剩下陈列于考古博物馆的化石标本或自然博物馆学的研究目录；与之相对，蚂蚁、蜜蜂、人类不可谓不弱小（想一想，牛犊马驹生下来几小时便能奔跑，而我们人的奔跑却至少需要经过好几年的抚育培养之后才有可能！），可它们（恕我此处不便用“他”或者“她”以示人与动物之间的区别）却偏偏活了下来，且历经亿万年而生生不息。奥妙何在？很简单也很复杂：它们选择了以群集或社会的方式生存，而且其群集和社会的组织方式还能与时俱进，日趋复杂和精妙。

因社会化组织生活方式而产生国家政治之必需，作为“政治动物”的人由此获得自身仿佛天然却又是人为实然的政治身份。谓其“天然”，是因为群集而生、组织而动已然成为人类的一种社会本能；而谓其“人为”，则是因为无论如何，社会组织都只能由人类社群自身独立创造、实施并成就，没有上帝也没有神仙赐予我们如何组织和管理“社会”“国家”“政府”的天赋、能力、资源，一切都不是无中生有、自天而降的，只能是我们自己去创造、发明和成就的。在此意义上说，所谓社会本能，实际是一种特殊社会才能，这就是人类的政治才干之所谓者。也正因为如此，人的社会才能或政治才干才会千差万别，一如人自身的先天(自然)禀赋和后天(社会)表现各不相同。当然，每一个人的全部能力都必须以其自然禀赋为自然基础，与生俱来的强壮与羸弱、聪慧与愚蠢或多或少注定了人类个体的社会(后天)发展潜能，但更为关键的还是人的后天努力，尤其是学识、技艺、经验和智慧水平。而且，由于政治是人类诸种生活或行动中最为复杂也最为艰难、最为严肃也最为危险的一种，因而其对人的资质的要求也是最高且最为苛刻严厉的。人类社会历史的无数经验教训告诫我们，关于政治，仅有丰富深厚的学养是远远不够的，所谓“学而优则仕”只能被看作传统儒家教育优先主张的一种文化意识形态宣传，或是一种想象性的文化—心理的自我治疗(心态镇静剂或人文强心针)，尽管汉唐至明清的“科举考试制度”及其实践充分地证实了这一点。作为一种超风险超严肃的社会游戏，政治起码还需要超强的意志力量(如尼采之“上帝死后”的“超人”和“英雄”)，最重要的是高超的政治智慧！

我喜欢用最简单的比喻或类似的修辞方式来定义概念，解释问题。在我看来，知识如水，智慧如酒，而技艺或技术则如同形形色色的饮料。水人人可饮且为人生日常所必需，水因其透明无味(仅仅相较于酒和饮料而言)而可普世日用，传之广远，无远弗届；酒则不然，只能为酒徒所钟(通“盅”)，为酒圣酒仙酒神所懂所爱，常人则未必能知其“三昧”（鲁迅语），故而酒虽能日用却无法普及，不可人人胜饮，更少可以至达青莲居士“举杯邀明月，对饮成三人”的妙境。相比而言，饮料则不然而尽然地兼而有之：人人可饮当是尽然，可各人口味之不同、各有所爱、各有所取而使得人人之饮互不相同则是谓其所以不然者。世人多以常识之见将政治或治政归于饮料之饮，却也并不否认人间真的存在政治智慧有如老窖陈酿，品之余味无穷，醉后如痴如狂。因此，才有真正的所谓政治家，才有领袖群伦、改变甚或开创历史的政治贤能，如秦皇汉武、恺撒、林肯等，虽并不多见，古今中外却也不乏其人。

按照康德的说法，政治智慧必是本于大理想（终极目的）、大原则（政治伦理意义上的至善）、大道义（天下为公的政治德行）的政治理念和政治壮举，而绝非权势之得失成败的算计谋求。前者是为“政治智慧”，后者顶多只能算作“政治智虑”。康德坚信，政治智慧必定是合道德目的性的政治德行，因而始终坚守“政治效忠于道德”的信念，既不相信“你们（政治家——引者注）要聪明如蛇”的劝诫，也不相信“（你们）还要老实如鹤”的警示，而是要始终如一地坚信并用实际行动承诺政治与道德相统一的根本原则，这才是作为“治理人的艺术”的政治智慧或“实践智慧”之根本大义。（参见康德《永久和平论》一文的“附录”部分，收入其《历史理性批判文集》，何兆武译，商务印书馆1996年版。下同）

可是，康德指引的政治之路并非平常“政治人”胆敢选择并能够承诺得了的“非常之道”。“蜀道”难，难在其直指“青天”，而绝大多数“政治人”的为政为官之难，却首先在其不得不置身俗世，不得不深入“人间烟火”接受熏烤。更何况，一心纠结于大理想、大原则、大道义，很容易——当然也不必然——落入柏拉图《理想国》的政治道德化、政治哲学(王)化的乌托邦境地，若如此，便极有可能造成只有理念想象没有柴米油盐的社会局面，甚或因思想、灵魂和信念之争而导致“樯橹灰飞烟灭”的人间悲剧！亲历“文化大革命”的现代中国人不难理解这一点。当然，这并非康德本意，而只是我的直观引申而已。康德的本意在于，真正的政治智慧必须本于理性的政治伦理，要遵守大义原则，初心不改，而不能攻心于权谋和权力！否则，就会落入政治心机权谋一类的“政治智虑”，后者不是 种“治理人的艺术”，而是一种治政的“技艺”，诸如，“Fac et excusa(干了再说)”“Si fecisti, nega(如果干了，就否认)”“Dicide et impera(分而治之)”等政治权术准则就是如此。就此而论，政治伦理乃是最高的、首要的政治智慧，而其他因素，如政治的判断与裁夺、政治胸怀或抱负、政治意志果敢等，都只是基于政治伦理原则所实施和表现的政治美德或政治德行。这种见解与中国传统政治哲学之“道、术、势”三位一体说教中的“道”论颇为近似。历史上，确乎不乏追寻政治之“道”的仁人志士，但更多的是“道”之难存、志之难酬的政治悲剧。远的不说，就在晚清朝野，这样的情形比比皆是。然则，“沧海横流，方显出英雄本色”。人们可以赞叹曾文正公自律守道的政治大义，将之视为一种政治伦理的典范；也可以赞美左文襄公拓疆留柳的政治壮举，将之归为坚定维护“国家权利”(康德语)的政治伦理典范；亦不妨称赞李文忠公殚精竭虑的政治忠诚，将之看作另一种有所不同却依旧合乎现实理性的政治伦理范例。比照三公的政治德行和成就(政治美德)，“老佛爷”的所作所为就是十足的“政治智虑”了。

二、“道德的政治家”而非“经验的政治家”

可是，政治家或几乎所有拥有权力把柄的“政治人”毕竟更谙政治之“术”(权术)而鲜为政治之“道”。个中原因甚是复杂，但最常见者至少有三：一则为“术”者来得直接、现实、管用，而为“道”者却过于遥远、空洞、不实；二则追求真正的政治之“道”实在太难、太险、太虚，远不如为“术”学得快，用得熟练、老辣，来得刺激；三则历史的教训更值得吸取，举凡痴心于“道”者，几人能从烈火狂飙中全身而退，功成名就？反倒是精心谋“术”者，多有斩获，常有得意，还存许多让人流连忘返的权能或权威的“高峰体验”(弗罗姆语)！如是乎，绝大多数“政治人”对权力、权术、权能、权威之类趋之若鹜，而躬身尽心于政治之“道”者日渐鲜矣！荡荡珂佩，多少取自金香玉；皇皇庙堂，几人能称政治家？

让我仍然借助康德的洞见进一步引而发之。康德在深刻辨析政治与道德之内在关联时，做出了“道德的政治家”与“政治的道德家”这一耐人寻味的区分：在他看来，前者是真正具有“政治智慧”和“政治德行”的政治家，因为他们坚守了政治效忠于道德的原则，持守并弘扬了大道义、大原则（与小准则相比）和大理想（终极至善的目的）的政治家美德精神；而后者则是为了眼前的政治权力而牺牲这些道义、原则和至善目的的权术者。后来，罗尔斯模仿康德的样式将政治官人区分为“政治家”（the statesmen）和“政客”（the politicians），认为后者只关心选票，前者则关心下一代。我想，康德和罗尔斯的分别和判断虽然有理，但多少有些“道德的武断”或者“过度理想化”、道德化的政治危险，理由如前备述。实际上，在人类社会的政治生活世界，我们还可以且大多数时候发现，绝大多数的“政治人”和“当权者”既无法达到康德对“道德的政治家”的理想期待，也未必都是康德批评的那种“道德的政治家”，多数时候多数情况下的多数政治权力者多属于我所谓“经验的政治家”，或者具有一定政治谨慎美德的“技术官僚”，古今如此，于斯尤盛。

“经验的政治家”并不一定缺少某种政治抱负，比如，“为官一任，造福一方”的为官理想，虽然不一定是康德的大道义、大原则和大理想，却也不失为合理的为官之“道”。同时，他们有着即便是大政治家也未必具有的政治谨慎和政治德行，比如，能够在一定范围内审时度势，既有相当出色的政治谋略，也有极为老练的行政操作技术和丰富的治理经验，堪担大任重任，能闯难关雄关。历史上，贾谊的政论礼治，曾国藩的齐家安朝，左宗棠的拓疆治郡，等等，都是杰出的“经验的政治家”典范，即便用康德的“道德的政治家”标准来衡量也庶几近之。我的意思是说，优秀的“经验的政治家”是可以知“术”达“道”、技进乎道并以“技”“术”谋“道”得“势”的。当然，也有一些“经验的政治家”难以如此这般，亦可能偏向于以“术”谋“权”谋“财”谋“色”，虽然精干老辣，却最终“得势”而“失道”，成为政治野心家、阴谋家和最终的失败者，诸如众所周知的和珅之类。

由此看来，“政治人”的成“家”立“业”绝非易事，能够成就“道德的政治家”之伟业大名的政治领袖更是罕见。其所以如此之难，我想这其中不仅关乎政治家的一般政治谨慎美德，还关乎其卓尔不群、超拔群贤的政治智慧。华文君是书集中讨论了作为政治家政治谨慎德行之主要因素的三重伦理，即责任伦理、底线伦理和德性(“virtue”，我译为“美德”)伦理。这里的所谓责任伦理当然不是约纳斯意义上的一般责任伦理，而是特指政治家的职责伦理，亦即作为政治家承诺政治权力及其合法正当使用的政治伦理职责。政治家是作为“政治的动物”的我们这些普通“政治人”中的不普通者，他们有幸——既是一种道德幸运，也是一种政治幸运——被选择成为社会政治生活和国家政治权力的管理者、操弄者和维护者。政治权力是公共权力，绝不允许任何形式的私人资本化或私有化，否则就是政治腐败。同理，公民权利是公民的基本人权，同样也绝对不允许任何形式的公共政治干预或侵害，此所谓“公民权利神圣不可侵犯”的本义。

政治家所必须承诺的所谓底线伦理，也不是我们通常意义上的底线伦理或是罗尔斯意义上的“起码的道德要求”(the minimal moral requirements)，而是基于现代民主社会之基本政治制度，特别是宪法制度规定所产生的，针对政治家们或公共权力拥有者、使用者们的制度化了的政治伦理要求。这也是为什么国家政府官员必须在就职时面对《宪法》宣誓的政治缘由之所在。在其位，谋其政，不在其位则不谋不问不扰其政。所以，为政而不作为或者越位为政都是不应该和不允许的，不在位而干政扰政就更糟糕了，如果说为政不作为和越位为政违背了基本的政治伦理原则的话，那么，不在位而干政扰政就不只是一个违背政治伦理的问题，而是一个违法乱政的行政法律问题了。由此可见，现代民主政治的实施必须基于健全的政治制度，特别是宪法原则，政治家的为政施政都必须在基本政治制度约定的范围之内，不可越雷池一步！所谓“把权力(使用)关在制度的笼子里”大概就是这个意思吧。

至于政治家的德性伦理问题，谈起来还要更复杂一些。“德性”或者“美德”在中国道德文化语境中主要指人的“品德”或“品质”，在西方道德文化语境中则指与人或物的角色、身份、职业、特性相称的“卓越成就”。比如，在古希腊人那里，武士的美德在其勇敢，智者的美德在其智慧，教师的美德当在其教书育人的卓越成就或功德，甚至剑的美德在其无与伦比的剑锋和比如说削铁如泥的功能，如此等等。所以，罗尔斯才说，社会制度的首要美德在其公平正义的秩序或制度安排，一如思想的美德在其把握到了真理。

由是推之，政治家的政治美德或政治德行，当在其卓越优异的为政施政成就。可是，何谓为官为政的卓越优秀？这显然是一个极为复杂的价值评价问题，既关乎政治评价标准，也关乎政治实践情景(条件、环境甚至具体政治事件，等等)，还关乎评价主体(谁来评价)。政治昌明、为政公正、施政高效等当然是政治评价的一般标准，可这些一般性的标准还必须置于具体的政治实践情景之中才有客观、公平、真实的意义。我们显然不能也绝不应该按照 GDP 来评价主政极度贫瘠艰苦的兰考县的焦裕禄书记的政绩，而应该根据其所面临的条件资源，尽心尽力的工作实际来评价、认可和赞美作为县委书记好榜样的焦裕禄。当然，情景或环境条件等因素的差异并不意味着对为官者的政治评价就没有普遍有效的价值标准。懂得权由民所授并能真正做到做好权为民所用、利为民所谋，在任何时候、任何地方、任何情况下都应是政治伦理评价的根本标准。易言之，政治美德伦理应该以是否民主、是否利民为其基本标准。

可见，政治家的美德伦理不得不放在两极张力之间来评判认知：一方面，政治家的美德伦理要求政治家的为政施政不能仅仅局限于“按既定方针办”，甚至也不能仅仅在“制度的笼子”里跳舞，借用如今经济社会的流行语来说，政治治理也需要创新。事实上，历朝历代的为官治政都是有所守成、有所突破、有所创新的。仅仅是“照章办事”大概不需要多少政治智慧，恰恰是当朝当权者必须开创自己的“新政”，才需要他们“在承袭中开新”，这既是所谓“旧邦新命”的必要，也是与时俱进的必然。职是之故，政治智慧才显得珍贵。诚然，在现代民主政治条件下，无论何时何地何人，政治智慧及其运用虽然可以且需要突破一些既定的“不合时宜的”制度规约，例如，某些阶段性的制度安排。但也必须恪守民主制度的基本原则，比如，《宪法》原则。就此而论，政治家的美德伦理与其责任伦理、底线伦理一样必要和重要，虽有价值(目的)取向之不同，也有道义(责任)承诺之一致。也正因为如此，政治审慎对于政治家，尤其是对政治领袖的作用或意义便格外凸显：是否拥有足够的政治审慎美德，将会直接影响政治家们是否具备足够的政治智慧？如何运用其政治智慧？特别是，当国家民族处在某种重大的甚至是生死攸关的“社会紧急时刻”(social emergence)时，政治审慎便同政治智慧一样显得格外珍贵、关键、艰难。

三、"积极的公民"及其政治审慎美德

然而，欲昌明和改善国家政治，仅仅靠政治家或政治领袖具有政治审慎的美德是远远不够的，即便加上健全的民主制度也还是不够。现代民主政治对政治伦理的基本要求是，"明君""廉政""善治(政治家之审慎美德)""社会的良序(制度之正义美德)""公民的美德(社会公民之审慎美德)"都同样重要，同样不可或缺。而且从某种意义上说，公民的政治伦理或公民美德甚至比政治家或官僚的政治美德和制度美德来得更根本、更基础，因而也更为重要。这就是《尚书·五子之歌》里所说的"民惟邦本，本固邦宁"之大义罢?

与传统社会的"良民"期待不同，现代民主社会更期待公民的积极作用，用华文君是书中的概念说，就是现代社会更期待"积极的公民"及其美德文明。"积极的公民"不一定非有"积极的自由"(柏林语)不可，但必须有《宪法》承诺和保证的"基本自由(权利)(the basic liberties)"，必须有绝对独立的人格尊严和普遍的社会政治平等，并要求有"社会的正义环境"(罗尔斯语)——包括制度的、司法的、行政管理的和文化政治的诸种环境或条件——的有效保障。在此前提下，国家才可以要求每一个国家公民具备公民的政治美德，包括自觉履行公民的政治义务、爱国和政治审慎等。

传统社会的"良民"本质上只是"臣民"，亦即只有

被动（消极）服从王朝的义务，而无独立自主之政治权利的政治奴隶。因此，在传统社会的政治生活中，为民者根本没有什么政治地位和政治作用可言，其在传统政治话语中的分量更是微乎其微。易言之，这也是为什么传统政治或政治哲学大多只谈天子、官府、臣子，鲜谈制度、人民（臣民）的根本原因所在。因为“普天之下，莫非王土；率土之滨，莫非王臣”（《诗经·小雅》）使得国家、政府（官府）、社会、制度失去了独立的，甚至是必要的政治意义，也使得政治的“人民”话语变得无足轻重。虽然，“民惟邦本”“民贵君轻”等政治言说具有显而易见的民主意味，但在传统社会里，它们终究只有政治伦理的修辞意义，绝无政治实践的现实可能。

当然，这并不妨碍我们借用“民惟邦本，本固邦宁”的政治伦理修辞，来表达现代民主政治对政治伦理的真实期许和内在需求。至少它提示我们必须牢牢记住，人民才是政治的“本体”，他们既然是“国家的主人”，也就理所当然地是国家政治生活的主体，他们的政治认同、政治参与、政治监督和政治行动，不仅决定着政府治理的正当合法性程度，也是检验政治制度运作和政治官僚政绩之政治合理性和政治有效性的最终圭臬，更是决定国家政治前途和命运的终极政治力量。因此，公民美德对社会政治文明的影响也是根本性的、具有终极意义的。换言之，公民的政治伦理素质或水平，乃是检验一个国家、一届政府和行政官僚之政治文明水平的根本的和最终的评价尺度。所以，与制度品质改善和官员品质提升相比，公民政治伦理品质的改进提升要复杂得多、困难得多。这一点往往是人们容易忽略的。因为，在大多数时候和多数情况下，人们往往更习惯于把政治或政治事务看作“吏治”问题（如传统社会）和制度问题（如现代社会），而实际上“民治”问题才是根本，也更为复杂和艰难。因此，许多智慧的政治家都能充分考量并以不同的方式强调这一点，并付诸实践。例如，马克思主义创始人很早就注意到，如何教育无产阶级并使他们从自发转向自觉，这是关乎无产阶级革命成败得失的根本问题；毛泽东也曾多次谈到如何教育农民，使其超脱小农经济思想的狭隘局限的问题。更远一些说，西欧近代社会转型中“市民社会”的演进和乡下封建农奴的解放过程，其实是始终影响和最后决定其成败得失的关键因素之一，只是由于近代西欧的工业革命和资产阶级政治斗争表象的阶段性爆发和社会化凸显，使得这些事件更具有社会政治的意味，因而或多或少地遮蔽了他们自身社会政治身份转变的历史重要性。假如我们更多地了解人类社会，特别是近代以来的社会政治生活史和道德生活史，而不仅仅局限于政治学（思想）史和伦理学（思想）史，就不难理解和认可这一点了。

倘若我的上述看法可以成立，则公民的政治伦理问题就是一个必须严肃对待的政治哲学议题。让我欣喜的是，华文君用了超过其新著三分之一的篇幅来讨论作为公民美德的政治审慎。政治审慎当然只是诸种公民美德中的一种，但在现代民主政治生活中，它却是最重要的一种。之所以如此，是因为政治审慎乃是一种最具综合性并取法“中道”（中庸）的公民美德，它不仅关乎公民的政治智慧，也关乎公民的政治行动，更关乎他们的政治认知、认同、判断、选择和决定，诸如政治参与、政治判断、政治选择和决断，甚至还包括政治承诺和政治期待等方面的合理性和正当性。再具体一些说，如何在“消极自由”的政治条件下成为“积极的公民”，如何在争取公民自主权利与自觉承诺公民义务之间保持平衡？如何获取必要而充分的参与政治、监督政府和官僚、协调自身与社会的民主协商的政治能力，以及如何合乎政治伦理地承诺爱国主义和国际主义的道义责任并理性地权衡民族主义与世界主义的价值秩序，凡此种种，并非仅靠公民身份就能够获得的公民政治能力。阿马蒂亚森说得好，在现代民主社会里，比“机会均等”更重要的是“实现均等机会的能力”。遵循同样的推理，我们可以说，比获得公民基本权利更重要的是实现这些基本权利的政治能力和政治资源。而必要的政治审慎可以使我们更清醒也更理性地认知和寻求这些能力，创造这些政治资源，在某种意义上甚至可以说，政治审慎本身便是这些能力的一部分，甚至是其中最重要的部分。

行文至此，拙序该说的似乎都说到了。最后小结一下：我在这篇书序中意欲表达的主要意思是：为官难，为高官更难。就此而言，我能够同情地理解诗人岑参之“最难在长安”的感叹。可在现代民主政治语境中，最难的恐怕不是为官为政或者加官晋爵，甚至也不只是政治治理的制度秩序，还有公民美德的养成。后者即使不比前两者更难，也具有同等的难度系数，就当代中国政治社会而论，这一点尤其值得我们关注。这便是我所谓“最难岂止是长安”之所谓者。特此敬告，仅供参考！是为序，予所望焉！

谨识于北京西北郊蓝旗营悠斋。

2016年8月起笔,10月12日改定。

陈华文:《政治审慎与民主治理》,中央编译出版社2016年版。原文刊于《读书》杂志,2017年第1期。

正义之所谓者

——《正义二十讲》小序

面对罗尔斯的正义理论我们至少可以提出这样几个有意义的问题：除了正义制度或正义原则之外，如何理解制度之中的人的正义美德和正义行为动机？在现代社会的文化语境中，个体的正义美德如何可能？若“无道德的政治中立”无法实现，那么，能够持久支撑正义制度的政治文化背景和道德伦理基础又是怎样的？

一

大凡读过金庸先生的武侠小说的人，都会有一种欲罢不能、流连忘返的感觉。这当然首先是因为大侠之大师金庸先生的神来之笔所致。然而，我以为个中缘由肯定不止如此，一定还有某种更深刻更强烈的东西在撩拨如此众多的金庸迷们的心绪。试想，金庸先生借助其奇妙故事、人物、意象、情节、想象和语言等文学元素所传达出来义、意、情、技：人们从金庸先生的武侠世界中，至少可以了解到那五花八门、各显千秋的武术奇功，进而体会那千头万绪、荡气回肠、感天动地的缠绵情意，再进至那高深绝妙、让人心驰神往的意境，最后或许(应该)还有一种震撼人心和天地宇宙的正气义理，所谓公道至理、义薄云天者！或可说，金庸先生通过其所构造的武侠世界所欲表达的公义和正气，正是中国传统文化中最值得回味却又不常触及的公正之德，在金庸先生的武侠世界里，这种公正的美德叫作侠义。

此种公正之德当然是值得我们坚持的。无论贾谊在其《新书·道术》中所说的“兼覆无私谓之公，方直不阿谓之正”，还是更早些时候孔子所说的“子率以正，孰敢不正”(《论语·颜渊》)，或孟子进而阐明的“君义，莫不义；君正，莫不正”(《孟子·离娄上》)，对于我们每一个人的为人处世，都应该不失为持久有效的至理名言。然而，我们的先贤们并不了解，也不可能预期我们今天的人类社会状况：当现代人类凭借科技、民主和市场等方式开辟现代生活世界时，当我们身处一个迥然有别于我们先贤的生活世界甚至是全然陌生且仍在无限扩展着的生活世界之中时，我们会愕然地发现，无论是皇天之“公”还是君子之“正”抑或侠义之气，虽然都不乏意义，但其实都不足以帮助我们料理现代的生活世界及其人事问题：我们的世界扩大了，扩大了的世界也日趋公共化了；私人生活仅仅是我们全部生活的一部分且受到公共生活不断强化的挤压。公共的生活领域是一个“陌生人的领域”，而私人的生活领域则只限于“熟人的领域”(费孝通语)，由此断论，当孩子们开始步入幼儿园和学校时，他们便开始了自己的公共生活。

公共生活和公共生活领域绝不同于家庭、族里、邻里或乡里，其根本的特征之一是，凡事凡人都不再可能仅仅凭借亲缘、情谊甚至地方性的风俗礼仪来为人处世，料理自身所遭遇的各种人际人事。相反，一切关乎公共生活世界里的人事问题，都得凭借某些公共制定的规则和制度来加以解释和解决。因此，所谓公止和正义，也就不再只是指个人的人格正直和人际公道，而首先且最基本的是指一种公共社会的制度安排和正义原则。也就是说，正义或公正不仅包含人格的正直公道和人际相互的公平对待，而且还（在现代社会条件下更重要和基本的是）指社会公共制度和规则的公正或正义。其实，即使在传统社会里，制度公正和正义规则也是基本的和重要的，只不过随着现代社会的公共化趋势不断加强，制度公正和正义规则变得越发凸显而已，而对于正处在现代社会之急剧转型过程中的中国社会来说，这种制度公正和公共正义规则资源尤其显得急缺和重要。这种变化表明，正义问题古今中外都无例外，只是于今于斯为甚罢了。需要坦率指出的是，由于西方社会早于我们进入现代社会，因而对这种社会公共制度公正或者普遍正义原则的理解也要领先于我们，近代西方思想家所提出的社会契约理论就对此做出了较为系统全面的论证。

也许正因为古今中外的正义或公正内涵不同，且随时随地发生着意义的变化，因而人们对于何谓正义常常为多种歧义和解释而深感困惑。孔孟先贤和贾谊先生的“公”“正”之说固然不错。但显然没有表达其公共制度、公共规则和公共秩序的现代意味。看来，我们所习惯的许多传统概念还需要重新梳理定夺。若从最一般也是最基本的意义上讲，我们可以把“正义”或“公正”（在中西政治哲学和伦理学的语境中，这两个概念——甚至还包括“公平”“公道”等——似乎是可以通用的）定义为权利与义务的对等。这种对等既体现在人际的交往之中，也表现为人们的权利—义务对等意识，还表现为社会公共制度的安排和行为规则制定中的公平安排和平等约束。当然，在一种宽泛的意义上说，社会的制度本身也是一种公共规则，反过来说，任何确定的公共规则体系也就是社会公共制度的基本表达。

总体上，西方人对于正义或公正的意识要强于我们，因而其正义理论也较为发达、系统和连贯。社会思想史、观念史和政治（法律）生活史的研究似乎都可以证明这一点。所以，一些学者甚至据此认为，这也是西方人和西方社会比我们更看重社会法制建构的意义，因之也更强调社会法治和公共行为规则的一个重要原因或者背景。若此说可信，或者至少值得注意，那么，系统了解西方人的正义观念和相关见解，就是一件很有必要的事情了。

二

关于西方正义理念或公正观念的历史沿革与内涵变化，不妨请读者留意我们所编的这本《正义二十讲》，透过二十篇不同体例和风格的文本脉络，细心的读者一定会对西方正义理念的基本内涵、历史流变和现代意味等绘制一幅较为完整的知识图像。

西方文明和文化的源泉是所谓“两希传统”，即“古希腊传统”和“希伯来传统”。早在古希腊文明开启之初，“正义”最早是通过古希腊的神话谱系表达出来的：正义女神 Themis 是正义(“狄克”，Dike)的化身，她是“众神之神”宙斯的女儿。宙斯主管天神世界因而也主管人间世界的根本秩序。狄克之神则助其父神来确保这一秩序的正义或公正。因此，人类世界若想得到和平安定，避免无休止的战争和争斗，甚至个人若想保持其言行的端正和心灵秩序的平和安静，都需要倾听正义之神的声音，遵循其旨意为人处世。根据研究家罗班等人的研究，古希腊神话和荷马诗史中的“正义”观念，主要是指“确切而适度的法度、均衡、正直”一类的意思，引申为合法、适中、均等之类的规则要求。这些正是正义之神通过电闪雷鸣、暴风骤雨一类的神迹，所要传达给人间世界的芸芸众生的基本“神意”。在早期希腊的神话、诗歌(如《荷马诗史》和赫西俄德的《工作与时日》等诗篇)和公共活动(如奥林匹亚体育竞技)中，这种“神意”都有极强而又明确的表述：唯正义的天神而非世俗的君主王爷才能对世间的一切人事做出“公正的裁决”；而奥林匹亚运动场上的任何竞技和锦标，都必须遵循公正而神圣的竞技规则，按照奥林匹亚山上的神的旨意展开竞争，做出优胜劣汰的裁判。这就是英雄和

"英雄时代"的正义精神！

至古希腊中期，也就是历史上被称为"希腊内部极盛"的时期，哲学逐渐取代神话而成为主流话语，"正义"或"公正"也因此而逐渐获得了较为完整和清晰的哲学解释。柏拉图认为，正义首先是一种社会生活秩序，它基于城邦公民(即所谓自由民，不包括奴隶)各自不同的社会身份和地位，使得他们遵循一种符合自身社会身份之内在美德要求而生活和行动。具体地说，智者追求智慧，武士追求勇敢，普通的自由民遵循节制和谨慎，各安其位，各得其所，城邦便由此达致正义。所以，在柏拉图那里，正义又是一种全德之名或首要美德。柏拉图的学生亚里士多德一方面秉承了先师的正义理论，仍然将正义或公正看作"美德的总体"，但同时又越出了老师的正义理论框架，对正义或公正做出了更为具体的梳理和论证。亚里士多德指出，公正和不公正是一组具有"多种意义"的美德概念，既可以指人们刚直不阿的品质，也可以指人们行为的合法有度和公道；既有性质和范围的不同，也有具体含义的区别，因此有多种"具体的公正"可言。比如，对于社会"善物"或价值的分配，应当遵循"分配的公正"；对于社会分配中所出现的不公正结果，应该遵循"矫正的正义"来矫正实际的不公正的分配结果，以实现社会公正；对于那些行公正或者想公正的人来说，还有所谓"回报的公正"，用中国的俗语来说，就是所谓"善有善报，恶有恶报，不是不报，时间未到"；从公正的类型上说，还有所谓"政治的公正”和其他的公正(如“法律公正”“交易公正”等),而“政治的公正”又可划分为“自然的公正”与“约定的公正”,前者基于自然法则,后者基于社会契约。凡此种种,不一而足。

柏拉图和亚里士多德的正义理念、尤其是他们师徒二人关于国家政治正义的理念,似乎成为古希腊晚期也就是罗马帝国时期正义观念的理论原型。尽管随着罗马帝国的诞生,基督教作为一种国教的政治合法性已然确立,《圣经·旧约》中原有的正义观念开始发生悄然却具有根本性意味的变革——《旧约》中,长期漂泊流浪的古犹太民族所不得不执着的“以眼还眼,以牙还牙”式的直接而原始的正义观念,在《新约》中却变成了“打你的左脸,把你的右脸伸过去”、充满宽容忍让之宗教仁慈主义精神的正义原则。然而,古罗马人对社会公共正义的理解依然有其历史承袭的连贯性。西塞罗把正义看作一种最基本的社会义务,无正义则无信义,反之亦然。奥古斯丁在基督教基本教义的框架内讨论“王者正义”与“义人公义”。虽然,无论是“王者正义”还是“义人公义”,都基于人类的“原罪”意识和上帝的正义神旨。但是,作为人类文明史上最早的“世界帝国”,古罗马人还不得不在思考人际正义(西塞罗论关于友谊、老人的义务)、社会正义和“神正”公义的同时,关注“世界帝国”的普世正义主题。也许有些让人感到意外的是,承诺这一思想职责的不是别人,而是被马克思恩格斯称为“中世纪的最后一个诗人”和“新时代的第一个诗人”的但丁，他坚信，“世界政体”能“使正义的威力获得最大的发挥”，而“一旦正义成为尘世的最大威力，世界就有最良好的秩序”。因此，“世界帝国”与普世的“尘世正义”似乎是相辅相成的。

然而，西方中世纪的普世正义之梦随着罗马帝国的衰微而最终破灭了。随着“现代性”曙光的绽露，西方社会的正义理想开始随着现代社会的急剧变革而发生深刻的改变。被列奥·施特劳斯称为“现代性第一次浪潮”的政治哲学代表人物、意大利现实主义政治思想家马基雅维利宣告，政治权力和君王的权威不仅而且必须超越社会正义之外，恪守信义不属于君主的美德。相反，君主必须学会像雄狮一样强悍残忍，像狐狸一样狡猾奸诈，非如此不足以确保其政治权威和统治地位。因此，马基雅维利将政治权力和权威的现实需求置于普遍正义的规则之上，并为君王的政治不义或非正义行径提出政治合理性的辩护。而十六七世纪英国最伟大的剧作家莎士比亚，则通过他剧中人物的心理、情态和言行告诉我们，当不同的人因为不同的目的和信念而执着于自己的正义理想时，人类社会生活中便不可避免地出现不同的正义观念和正义诉求。进而言之，当《圣经·旧约》的正义遭遇《圣经·新约》的正义时，人类社会只能面临“谁之正义”“何种合理性”的困惑与疑问。人类的正义在利益冲突的战场上被欲望、利益、争斗所撕裂，甚至蹂躏，无论人们如何吁求仁爱和慈善！

这种正义的冲突不单赤裸裸地表现在商场和民事法

庭上，更严重地还表现在民族和国家之间的战争与争夺之中。因此，人类对正义的更为高远的期待，便集中表现为对世界和平与国际(族际)秩序的向往。17 世纪伟大的荷兰人格劳秀斯最先看破了罗马帝国的强盛假象和基督教普世主义的宗教伪装，坦诚地写下了现代国际法和战争法的奠基之作《战争与和平法》，借助西方古老的自然法(自然权利或天赋权利)观念，为人类不可避免的战争行为制定了正义法则。

然而人们有理由追问：人类为什么会发动战争？如果说战争起源于利益争端，那么，这些利益争端又因何而起？为什么所有的人或者人群都可以而且实际上已然以“人类的自然法则”和正义的名义来发动战争，伤害他人和异族？早在“现代经济学之父”亚当·斯密发现“经济人”和“经济理性”之前，他的先辈霍布斯就已经发现了人类自然法则的内在堂奥：“著作家们一般称之为自然权利的，就是每一个人按照自己所意愿的方式运用自己的力量保全自己的天性——也就是保全自己的生命——的自由。因此，这种自由就是用他自己的判断和理性认为最适合的手段去做任何事情的自由。”这就是说，人的自我保全才是最大的正义。可是，一个现实而严酷的事实是，若每一个人都仅仅是出于自保的目的而行动，则人间只能是“一切人对一切人的战争”，处在“自然状态”下的人类终究无法获得基本生存所必需的安全和福宁。即便是最自私最贪婪的人也不会不知道如此的战争状态不会带来安全和福宁，如果所有人都坚持安全和福宁是他们自身生存和生活的基本目标和条件，那么，唯一可能的方式就是缔结社会契约，组建社会共同体——国家或者其他生活共同体。于是，人类对正义秩序的寻求便自然而然地最终落实在如何缔结社会、组建国家、管理生活共同体的社会制度层面。

确保社会正义的根本在于制度的正义安排和正义规范，而制度正义的根本原则在于如何确保社会和国家的公共权力及其行使的合法正当，人们组建社会和国家的目的是为了寻求生活的安宁和福利，因为以社会的方式生存和生活，要比以自然的方式孤独地生存和生活更为安全或者更少风险，也可以实现更大的福利（社会分工合作所创造的福利大于单个人所创造的福利）。但是，要缔结社会、组建国家和政府，每个人都必须出让自己的部分权利，形成公共权力和权力机构（政府及其管理部门）。因此，国家和政府的公共权力及其行使的合法正当性，最直接也最根本的体现在国家和政府的公共权力如何确保社会所有公民的基本权利，并使其得到公平有效的价值实现。霍布斯已然看到，个人的权利一旦让渡出去，便如泼出的水无法收回，只能寄托于如何有效地看管。问题在于，公共权力一旦形成，便很容易成为脱缰的野马，挣脱社会公民的控制。所以，他借用《圣经》里的神话典故，把国家和政府比喻为怪兽“利维坦”（Levitan），意指其桀骜不驯的危险。

霍布斯的追随者洛克平生最大的贡献就是对政治权力的独特研究了。洛克深知政府或国家政治权力的要害，提出了著名的“公权分立”原则，即将国家的政治权力一分为三，以便让立法、司法和行政三分权力机构既能各自独立运行，又能相互制约，其直接的目的是防止权力腐败和滥用，实现国家政治权力及其运用的合法正当，而最终目的则是保护公民个体的基本权利和福利。因此洛克提出，政治权力服务于公民个人的基本人权，服务于社会公民的共同福利。易言之，在洛克看来，公民个体的基本人权高于且优先于国家的政治权力。“三权分立”的原则为法国著名的启蒙思想家和法哲学家孟德斯鸠所完善和论证。但孟德斯鸠不只是重复洛克的工作，他似乎更强调政治和法的道德基础和社会伦理(风俗礼仪)根基。通过《波斯人的信札》，孟德斯鸠向我们传递了一种文化政治的信息：正义是永恒的，它不应取决于任何人间的习俗。然而，人的德行、信仰、风俗和“正义之心”同样也是正义得以真正实现所不可缺少的基础和条件。阿拉伯部落的风俗和生活经验似乎证实了这一点：“他们集中注意力，用德行教养他们的子女……他们尤其使孩子感觉到，个人的利益永远包括在公共利益之中，要想和公共利益分离，等于自取灭亡；德行对于我们不应当成为一种负担；不应当把德行看成畏途；并且，以正义待人，等于以仁慈待己。”

同样是遵循着社会契约论的理路，洛克坚持了霍布斯的个人权利优先于国家政治权力的基本立场。孟德斯鸠洞察到公共利益与个人利益之间不可截然分离的重要性，以及公民保持正义德行与社会(群体)保持正义规范秩序，或者“正义原则”与“正义之心”之间的复杂关联。而稍后的卢梭却最终走向了“正义即公意”的政治共同体主义。“我们每个人都以其自身及其全部的力量共同置于公意的最高指导之下，并且我们在共同体中接纳每一个成员作为全体之不可分割的一部分。”显然，如此诠释的正义更像一种政治共同体的正义意志，而非一种制度安排或权利分配的正义。也许，卢梭真的是像罗素所批评的那样过于看重“公意”的正义而忽略公民个体的正义了。与他同时代的英国道德哲学家和经济学家亚当·斯密却似乎是有意地仅仅从伦理学的角度给“正义”进行了重新定位：同人类的同情、仁慈相比，正义仅仅是一种消极被动的美德，一种隐含着某种强制的低度伦理。同样，黑格尔虽然确认了“财产权”之于社会正义的基点意味，但他似乎只愿意把正义理解为一种“承认的正义”，即人们在相互客体化或对象化的“主—奴关系”意识中，相互承认对方之作为内在主体和外在客体的“正义”意识。

“主—奴”或“主—客”之间的关系问题，在18、19世纪的德国思想界和哲学界始终是一个重要的、具有鲜明价值意味的哲学课题。这一哲学课题在黑格尔那里诱发了所谓“主—奴”关系的辩证法理解，而在稍后的诗人哲学家尼采那里却演化成了“主人道德”与“奴隶道德”的价值较量，从而使得整个西方古典的正义理念遭受“权力意志”的无情颠覆。正义与非正义不再是道德善恶的基准线，而是依附于不同权力主体和道德谱系的差别尺度。对于群氓及其道德观念来说，正义是一种可怜的平等祈求，但对于英雄及其道德观念来说，正义则只是一种高贵的利己主义，它必须超越前者的正义标准。也许，尼采的激进见解已然预示了西方正义理想的深刻危机，但20世纪最具影响的美籍德裔政治哲学家列奥·施特劳斯却告诉我们，西方正义理想的真正危机还不在于尼采或尼采式的反传统价值的价值颠覆，而在于作为这种正义理念之根基的“自然权利论”(“自然法理论”)遭遇到了前所未有的双重挑战，一方面，历史主义的兴起否定了“自然权利论”既定的前提预制(“自然人”“权利天赋”“自然法则”等)；另一方面，由韦伯所提出的所谓“事实”与“价值”的两分(dichotomy)根本动摇了“自然权利论”原有的预定性的价值基础(即“自然权利”的正当性基础)。

历史常常用事实来证实或者证伪人类的某些思想观念：两次世界大战不仅给西方现代文明而且也给西方“现代性”的正义理想以无情的讽刺和近乎毁灭性的打击。国际政治秩序的深刻紧张、分裂、对立和国家政治生活的紊乱、冲突和无序，都在考验着西方思想界的智慧和灵魂。面对20世纪60年代的美国，罗尔斯不由得发出如此深刻的诘问：如果自由民主的国家是正义的，为何美国社会到处都涌动着人民的愤怒和反抗？例如，黑人民权运动、反“越战”风暴以及各种各样的社会抗争和不满此起彼伏。如果自由民主的国家是平等的，为何美国社会仍然存在如此严重的贫富差别和不公正现象？如果自由民主的社会是有希望的社会，为何美国的青年一代如此绝望？想想当时席卷欧美的“嬉皮士运动”“垮掉的一代”“绝望的一代”吧！那是一幅多么刺眼的正义反讽画面啊！严肃的诘问和深沉的思考使得罗尔斯把握了现代西方社会的病根——严重的社会不公和制度规范失效，也使他能够开出一剂医治“西方社会病”的有效良方——重建社会正义伦理和“政治正义”制度。这意味着社会基本制度或结构的重新调整和安排，其实质是寻求“公平的正义原则”和正义的制度安排。“正义是社会制度的首要美德，正像真理是思想体系的首要美德一样。”社会正义的根本在于普遍的社会公平。它不仅要求社会和国家通过基本制度的正义安排实现所有社会公民的平等自由，向他们开放和供应公平的机会，而且所有的制度安排还必须“最有利于少数处于社会最不利地位的人”，唯有如此，社会才能确保全体公民公平地实现其基本权利。因此，“平等的自由原则”和惠顾最少数处于最不利地位者的“差异原则”都是正义的基本原则。罗尔斯的正义论无疑是西方正义理论的现代重建，它已然成为一种新的标志：历经艰险和苦难的西方现代文明正在重新寻找甚或已然找到调理其社会生活秩序的正义之道！

三

然则，罗尔斯似乎过于看重了原则制定和制度安排在实现社会普遍正义的过程中的地位或作用。确实，在现代社会条件下，制度正义是最基本的，也是根本性的。然而，仅仅有制度正义是远远不够的。当代著名的美德伦理学(史)家麦金太尔针锋相对地指出，对于一个缺乏基本正直美德的人来说，即使是再普遍、再明确不过的正义原则(规范)的约束效力也等于零。我们似乎可以把麦金太尔的这一批评和质疑，看作西方正义理论所面临的当代挑战，一种看似古老然而却具有全新实质内涵的理论挑战!

从正义的神谱到正义的诗篇，我们读出了西方文化和哲学的先祖们异常敏锐的正义意识和秩序吁求。从古希腊的正义美德伦理到古罗马的普世主义正义道义论，我们读出了西方文明的先祖们从"英雄时代"走向"世界帝国"的正义理想。从《圣经·旧约》到《圣经·新约》再到长达千年的西方中世纪，我们读出了西方正义理念从一种原始直接的对等报应到逐渐软化或者不断强化的神道仁慈主义的漫长演变。然而，这一切都还只是属于西方文明和文化的传统正义范畴。当马基雅维利一语道破政治权力的不义秘密，政治与道德便开始了"现代性"的撕裂：把耶稣的还给耶稣，把恺撒的还给恺撒。从此，正义作为一种社会美德和政治理想，开始了它在政治(法律)与道德(伦理)两极之间的左奔右突、进退维谷。一方面，近代以来的西方思想家们越来越清晰地意识到了正义的普遍规约和政治制度含义：现代正义不再是"以眼还眼、以牙还牙"式的原始的和直接地报应性对等行动，而必须是一种经过制度或规则中介化的道义约束甚或制度强制。由此，现代西方的正义理念越来越趋向于公共制度和政治秩序的理解向度。遗憾的是，以两次世界大战为典型的无数非正义或反正义的社会事实，给这种理解向度以太多太深刻的现实反讽和事实驳难，以至于时至今日，人们仍然对所谓单向度的制度正义抱有深刻的质疑和批评。

麦金太尔对“启蒙运动”以来的西方“道德谋划”的诊断，提出了一个值得深思的正义课题：如果说制度正义确乎适应了现代社会日趋公共化和制度化的发展现实，那么，又当如何理解生活于“制度之中”的个人的正义行为动机和正义美德意义？一种无道德基础的“政治正义”如何可能？进而，我们似乎还可以沿着麦金太尔（当然还应该包括查尔斯·泰勒、沃泽尔、桑德尔等当代共同体主义者，以及施特劳斯、施米特、阿伦特等现代共和主义思想家）的思路进一步追问：在现代社会的文化语境中，个体——无论是作为人格个体还是作为公民个体——的正义美德又如何可能，因为很显然在一个公共生活领域日趋扩张而私人生活领域日趋萎缩的现代性社会里，个体美德的生成环境和动机力量本身已然或多或少地成为了一个有待解答的问题。总结一下：面对罗尔斯的正义理论——作为当代西方社会正义理论的典范和正义实践范式，我们至少可以提出这样三个有意义的问题，即除了正义制度或正义原则之外，如何理解制度之中的人的正义美德和正义行为动机？在现代社会的文化语境中，个体的正义美德(包括罗尔斯所说的公民的“正义感”和麦金太尔所说的“正义动机”)如何可能?若“无道德的政治中立”无法实现，那么能够持久支撑正义制度的政治文化背景和道德伦理基础又是怎样的?

上述三个问题仅仅是本书编者在解读和编辑这部《正义二十讲》的过程中偶尔获得的初步思考，倘若能够与读者分享，当是我们的莫大幸运了。老实说，在很短的时间内要编好这本书确实非常困难，不仅受时间的局限，更受编者自身学识的限制。遵照本书所属丛书的总体编辑要求，我们采取了思想观念优先于文本体例，文本体例优先于人物语言表达的编辑策略。我们力图用这“二十讲”的编辑容量，尽可能全面系统地展示西方从古至今较有代表性的正义论说，但西方的正义论说汗牛充栋，难以数计。“二十讲”的容量限制使得我们不得不做出许多艰难的取舍。我们的策略是：按照时间顺序和各时代的话语—观念之代表性，来选编这有限的西方“正义二十讲”，在同时代的正义论说家中，优先考虑其正义论说的独特性和思想影响力。比如，在遴选18世纪英国思想家们的正义论说时，限于篇幅和容量，我们选择了亚当·斯密而放弃了休谟，理由在于，休谟主张的功用主义正义观过于“技术”和“经验”，而斯密关于正义之作为一种消极美德及其同仁慈等“积极的美德”之比较，可能给读者更多的思想启发和更大的自由思考空间。为求得整个文本选编的多样性，在相同或相似的正义论说之间，我们优先选择了一些非理论化的文学类文本，比如，戏剧、通讯、诗歌等。这样的编选方式也是本丛书的主编所鼓励的，希望读者能够喜欢！本书的插图是编者费力收集和挑选的，但无论如何我们都不敢说这些插图是最恰当、最合适的，尽管我们知道恰当的插图对读者理解文本助益甚大。

编辑和阅读这样一部主题性的文本选集，如同浏览一座专门独类的历史博物馆，从中不仅可以看到历史上某类或某些文明与文化遗迹的系统连续的展示，而且有可能让读者或浏览者置身流动的历史长河之中，解读和感悟这些随着历史长河之流持续流动的文本或遗迹的动感意味。创造一个独特的“动感地带”正是我们努力寻求却很难达到的一种编辑状态，当然更是本书读者共同期待而又不难达到的阅读境界。

2007 年 7 月 1 日深夜草就，2007 年 7 月 3 日晌午改定。

北京北郊龙泽苑西区悠斋

《正义二十讲》，万俊人等编，天津人民出版社 2008 年版。

原文刊于《文景》杂志，2007 年第 8 期。

道德谱系与知识镜像

四十年前，业师周辅成先生主持编译了两卷本《西方伦理学名著选辑》，交付商务印书馆刊印。但由于种种原因，1964 年上卷出版后，下卷却迟迟未能杀青，直到 1987 年，上、下两卷才得以完整刊出。业师从学之时，西学东进之势强劲如潮，然西方伦理学却迟迟难越雷池。这或许与中国之为“道德文明古国”的文化传统身份或特殊地位多有关系。按陈独秀的说法，中国传统道德文化的现代开放乃是这一展开过程的最后阶段，是国人之最难“觉悟者”。不难理解，道德文化或社会“精神气质”的改变肯定难于器物技术的改变。因此，西方伦理学进入现代中国当然也只能是西学东渐的最后一波。事实上，国人对西方伦理学的知识援引只是到了 20 世纪四五十年代才真正开始，而业师的两卷编译则是这一知识援引事业的标志性成果，至少可以说，绝大部分中国伦理学人都是通过这部两卷本的西方伦理学名著编译，来获取西方伦理学的原始知识地图的。

西方伦理学的知识传统源远流长，用文本选集的方式所呈现的西方伦理学知识图像，显然只能是一幅粗略的知识草图。但文本选集的方式曾经是，且在我看来依然是我们了解域外文化和知识的一种简明可为的有效方式。近年来，有关西方哲学的原典移译总体上已经转向对学者或学派之代表性文本的系统翻译，即便如此，一种“面”的文本了解仍然具有“点”的文本了解所不能替代的作用。例如，前者更有助于呈现学科知识谱系的连贯性和完整性，更有助于专业知识的非专业化普及，更便于有关学科教育课程的普遍开展，等等。

业师的两卷本《西方伦理学名著选辑》呈现了西方古典伦理学的知识图像，而我则希望，我们编选的四卷本《二十世纪西方伦理学经典》能够延伸前书已经呈现的西方伦理学知识谱系，从而使整个西方伦理学知识图像的呈现更为完整连贯。学术或理论文本的经典性首先应当体现在文本自身持续长远的思想影响力和理论典范性上，而这又需要一定的时间检验。从这个意义上说，将刚刚过去的 20 世纪的西方伦理学文本冠以经典之名确乎有些冒昧。但我之所以明知故犯，是基于这样两点考虑：其一，我们所选编的大部分文本已然经过了相当长的时间检验，并被公认为 20 世纪西方伦理学的权威性文本；其二，文本的经典性总是相对的，伦理学文本的经典性更是如此。我当然不想用后现代主义的解释方式，来消解现代理论经典及其学术权威性，而仅仅想表达这样一种见解：任何理论文本的经典性首先是由它所表达的思想之时代特征和理论创造性价值所赋予的，其次是由它对于某一学科的知识创新贡献所赋予的。

对于读者来说，文本总是具有“他者”的文化特性，西方的文本对于中国的读者来说自然就是更遥远、更陌生的“文化他者”，而由于作为文化的道德伦理的知识有着比其他知识更为敏感的“文化意识形态”特征和价值征服性(权力)话语功能，所以，西方伦理学的知识文本对于中国的读者来说，就更可能产生某种精神隔膜，甚至是某种文化恐惧了。事实上，西方伦理学知识图像的中国呈现一直都是不太完整的，有时甚至是模糊不清、扭曲变形的。之所以如此，不仅仅是由于人们显而易见的社会政治原因，或者因为“政治意识形态”之故，而且也由于我们不易察觉和承认的“文化意识形态”的原因。就前者而言，由于我们在相当长的时间内把道德伦理问题仅仅看作社会意识形态和国家上层建筑内的问题，忽略了道德伦理作为社会文化精神的普遍意义，因而不可避免地把西方伦理学知识化约成了西方资本主义政治原则本身，始终对其保持高度的政治警惕和文化抵触。就后者而言，由于各文化传统之间有着天然的文化异质性，道德伦理价值层面的“不可公度性”(incommensurability)始终是阅读和理解异域伦理学知识文本的一个难以逾越的文化—心理障碍，而具体到现代中国知识界，这种文化心理隔膜往往更容易成为文化守成主义的一个有力借口。

上述两种因素无疑对西方伦理学知识的中国成像产生了很大的影响。十多年前，我曾向伦理学界呼吁，我们需要持守的学术姿态应当首先是“本色的了解”，然后才是理性的批判和选择。但时至今日，这种“本色的了解”仍然是我们所欠缺的。弥补这一基础性的知识欠缺，正是我们编译这套书的初衷之一。好在时至今日，不仅是当代中国的知识学人，而且是当代中国的普通民众，都逐渐意识到了这样一个道理：社会的开放不可能限制在某些“器物”技术性的层面或学术局部，更不可能回避来自各个方面或层面的参与和竞争。问题的关键不在于我们必须面对什么，而在于我们如何面对！如果我们把西方伦理学知识不仅仅当作一种异质的社会意识形态，而且也看作一种有差异的文化竞争者和知识资源，那么，我们就会以一种学习和竞争的姿态，面对这一来自异域的“地方性知识”，并从中寻求和吸收一切有益于丰富我们自己的道德文化知识的资源，将中西伦理学的会面与交流看作中国地方性道德知识扩展为普世性道德知识的机遇。就此而论，首先获取一幅较为完整的西方伦理学知识图像就不仅是必要的，而且也是有益的。

麦金太尔教授在其《追寻美德》一书的开篇即大胆断言：“后启蒙时代”的西方伦理学由于传统的中断已然只剩下一些道德知识的“碎片”而显得缺乏充分的理论可信度和实践解释力。这一西方式的自我批评可能有些言过其实，但就20世纪西方伦理学发展的整体而论，又很难说麦氏的这一论断完全是空穴来风。

道德知识首先是一种地方性知识，而且总是以传统的方式生长和传承着。因此，在这一传统中被视为正当或者善的行为在另一传统中却可能被看作不当或者恶的行为。比如，云南傣族的“阿注婚姻”(一妻多夫婚姻制的变形)在道德伦理上就难以为汉族所接受。所以，我们可以说，任何道德知识首先必定是一种“地方性知识”，然后才可能成为一种普世性知识，因此必须首先在特定的道德文化传统语境中才可能被正确地了解和理解。麦金太尔对西方“后启蒙时代”道德知识状况的指摘正是基于其摆脱传统、一味追求普遍理性主义的主流趋势有感而发的。事实上，20 世纪的西方伦理学首先就是从这种伦理知识的科学化寻求起步的。1900 年伦理学家摩尔《伦理学》一书的出版被看作一个具有划时代意义的伦理学知识事件。它第一次系统地批判了各种已有的伦理学所触犯的一个共同“谬误”——所谓“自然主义谬误”：人们一直试图用某种自然的或人为的东西来定义“非自然的”道德的“善”概念，实际是用某种事实性的东西来定义价值(善)概念，而真正的道德价值(善)却是不可定义的，一如“红色”不可定义一样。摩尔的批判复活了 18 世纪“休谟命题”的非认知主义力量：我们不能合乎逻辑地从“是然”(事实命题)中推导出“应然”(价值命题)，因此关于道德的学问能否成为一门科学或知识仍然是一个疑问。伦理学的知识合法性再一次以更彻底的方式凸显出来，成为 20 世纪上半叶西方伦理学争论不休的中心课题，因此所谓“元伦理学”也就成为了 20 世纪西方伦理学的主流之一。

“元伦理学”的凸显无疑是现代科学主义压迫的文化后果之一，然而，道德的人文本性决定了道德知识的“非科学”命运。一种学院式或学究式的道德知识永远只能是灰色的理论，无法真正反映丰富多彩的人类道德生活世界。如果说人类的道德知识只能寄居于特定的道德文化传统并以文化的而非科学知识的方式生长的话，那么，麦金太尔关于“后启蒙时代”之道德知识碎片化的理论论断，不啻对现代西方道德知识状况的文化诊断，而这一诊断的依据正来源于尼采的“道德谱系”理论。站在“世纪的转折点上”(周国平语)，尼采以超人的智识洞见到，当康德、黑格尔式的理性主义伦理学在19世纪后期登峰造极之时，人类自身的道德知识潜能便已然枯竭见底。道德首先是一种实践智慧和意志能力，一旦它被迫蜕化为某种形式的知识技术，人类社会便不再存有任何道德崇高的渴望和英雄主义的道德激情。普遍形式化的知识所要求的是强求一律和恒定不变，而道德智慧却要求实践崇高和价值超越。尼采用一种极端的提问方式将他在19世纪末所发现的道德疑问交给了20世纪：在我们这个道德(文化)谱系多元化而且充满族群意志竞争的人类生活世界里，一种普遍的道德知识如何可能?

尼采的声音如春雷般地随着20世纪西方世界的思想年轮一起回响，以至于我们无法因为时间的分界而将生活在19世纪的尼采排除在20世纪西方伦理学的发展过程之外。最先发出响应的是胡塞尔及其所发动的现象学—存在主义哲学思想运动，它不可避免地带来了西方20世纪伦理学的革命性骚动。拨开理性主义的哲学天幕，反省现代科学主义及其所导致的价值观念危机，重返生活世界本身，成为 20 世纪前中期西方伦理嬗变的又一主题。因此，存在主义本真伦理学、生命伦理学和形形色色的人本主义伦理学相继登台。你方唱罢我登台，各领风骚数十年。20 世纪上半叶的西方伦理学既有学究式的逻辑游戏，又有迪斯科舞式的思想宣泄。

思想的宣泄源于过度积压的思想爆发。20 世纪的确是一个太多思想刺激的世纪：仅仅在前半个世纪的 40 年间便爆发两次世界大战，这也许是人类文明史上该有的劫数！经济大萧条、饥荒、冷战、核威胁、种族屠杀与地区冲突、传染病与生态危机、恐怖与征服……几乎所有灾难和悲剧都在这个世纪迸发，人们不能不日有所思、夜有所想，陷入难以摆脱的心灵焦虑。然而，生活的磨难常常成为思想的温床，甚至成为人文知识的增长动力，这仿佛又是人类文明行进的悲剧性逻辑！在欧洲大陆，这一逻辑显示为伦理思想的深度进展和广度扩张，似乎可以肯定地说，没有哪一个世纪能够像 20 世纪的欧洲大陆这样产生如此众多的道德“主义”和伦理“学说”，形成如此富有张力的伦理思想和道德理论。存在与虚无、自我与他者、生命与天道、心理与身体或者灵与肉、形而上与反形而上、人与自然以及现代与后现代或后后现代，几乎人类所有的道德经验、道德情感、道德观念和伦理问题都挤压在这个世纪，一起迸发出来。与之对照，在美国，这一逻辑却更多地表现为知识的生长与积累。一方面，由威廉·詹姆斯在 19 世纪末创造的“美国哲学”即实用主义，迅速成为 20 世纪的显学，这种被称为“美国精神”之灵魂和核心的哲学，不仅缔造了“美国哲学的谱系”(C. West 语)，成为美国开始摆脱其对于欧洲文化母体的精神依赖的基本标志，而且还凭借着20世纪迅速强大起来的美国国力，向世界各地迅速扩张，本土化的地方性哲学知识一跃成为普世化的哲学知识。当美国人自豪地宣称詹姆斯使得美国从一个哲学进口国一跃成为哲学出口国并把詹姆斯奉为“哲学的爱国者”(康马杰：《美国精神》)和美国的精神英雄时，他们实际上也在告诉世人，美国不仅将要成为20世纪的经济强国、政治强国和军事强国，而且将要成为精神文化的强国。另一方面，正是这一强烈而深远的动机，促使美国利用两次世界大战的机会，在大力扩张自己的物质势力的同时，也大量引进或接受了来自欧洲大陆一批又一批科学家、哲学家和人文社会科学家，获取了前所未有的技术资源和智力资源。也就是说，20世纪中后期知识学人的地域迁徙，使美国实际上已经成为全球的科技创造中心、思想创造中心和知识创造中心。

虽然美国实用主义哲学根本上只不过是美国现代典型经验的观念反映，一种地道的工具主义目的论道德哲学，然而，它却再典型不过地揭示了西方“现代性”道德危机的秘密：实用理性至上，让包括道德在内的一切人类和人类社会事务都暴露于市，使其接受竞争和交易规则的检验。西方“现代性”的道德危机给西方宗教的复兴提供了机遇，一如中世纪晚期的宗教危机给近代人道主义的启蒙运动提供了历史机遇一样。在整个20世纪，西方宗教，尤其是宗教伦理主要是作为一种社会文化批判的精神力量而复活和发展起来的。在市场经济和商业社会的环境下，现代世俗伦理不断降低价值目标和道德标准，正当合理性的规范化诉求逐步掩盖甚至替代了人类对卓越与崇高的美德追求。缺乏终极价值关怀成了现代人普遍的道德缺失，因此也成了现代社会最稀有的道德精神资源。现代宗教伦理正是从这一缺口切入现代社会的。宗教伦理构成了整个20世纪西方伦理知识体系中最重要也最连贯的一脉，从20世纪之初的人格主义到马里坦的“神学人道主义”，从神正道义到当今方兴未艾的宗教生态伦理学，西方各种形式或教派的宗教都在充分利用自身的价值精神资源和现代社会文明的缺陷，用道德批判的方式参与并干预现代社会生活。

然而，对“现代性”道德的批评与辩护始终是20世纪西方伦理学演进的主线。进至20世纪后期，这一主线演化为两个相互交错层面上的理论争论：一个是现代主义与后现代主义之间的争论，其中的道德争论更多地行进在关于“文化政治”和“文化哲学”（利奥塔）的语境之中，而且所谓“后现代（主义）伦理学”至今仍然处在朦胧不清的生长初期，除了利奥塔、鲍曼等少数后现代思想家开始讨论后现代伦理问题之外（见利氏的《后现代道德》和鲍氏的《后现代伦理学》），真正谈论后现代伦理学的学者并不多见。事实上，充满解构力量的后现代话语究竟如何谈论甚至是否能够谈论天性持守规范秩序的道德伦理话题，仍然还是一个问题，期待用后现代叙事方式去建构某种后现代伦理学，就更是一个疑问了。

另一个层面是“现代性”思想内部的理论争执，其中以新自由主义、共同体主义和文化守成主义三家最为突出。自由主义原本是西方现代社会的意识形态，如何辩护和完善这一观念形态及其社会价值权威，始终是西方思想界的头等大事。20世纪70年代伊始，哈佛大学伦理学教授罗尔斯发表《正义论》(1971年)，标志着20世纪西方伦理学的重大转折，伦理学从学理式的纯知识论探究转向道德实践规范的重新建构，从洛克到康德的社会契约论的普遍主义规范伦理学传统得以复兴。与此同时，一种基于亚里士多德美德伦理或黑格尔历史主义传统的共同体主义伦理学也开始抬头，并与新自由主义伦理学形成鲜明对照，而与共同体主义有着内在亲缘关系的文化守成主义也悄然兴起，并逐渐成为一种全球性的当代伦理思潮。然而，当代西方伦理学的三足鼎立并不具有内在分裂的知识异质性或理论异质性，毋宁说，它们之间的理论竞争更像是一场话语权力的争夺，一如江湖门派之争终究无外乎武林势力的较量一样。不过，任何有关“现代性”的道德话语都无法摆脱当代世界的社会语境，因此，当代西方伦理学所讨论的课题，诸如自由与平等、正义与秩序、规范与美德、权利与制度、个体与群体等，实际也是全球伦理的当代主题。从这个意义上说，由罗尔斯引发的当代西方伦理学讨论不仅不会随着20世纪的结束而结束，而且也不会只限于西方伦理学的语境，这一讨论将会而且实际上已经开始进入

21世纪全球伦理的公共论坛，成为新世纪人类社会的共同话题。有鉴于此，我想特别强调，在我们这个时代和社会，阅读20世纪西方伦理学的文本已经不再只是阅读“文化他者”，它实际上也是一种本土文明或文化的道德自我阅读，包括对我们自身道德文化传统的重新解读，以及更重要的是对我们现实生活情景与意义的道德解读！

尼采的说法是对的。任何道德都以谱系的方式存在和发展着，没有一种无谱系生成的一般道德。不同民族、不同群体、不同阶层，其所形成并信奉的道德伦理都从属于他们各自不同的生活方式、生活环境和生活目标(理想)。因此，在道德实在论的意义上说，任何一种道德知识或者道德观念首先都必定是地方性的、本土的，甚或是部落式的。人们对道德观念或道德知识的接受习得方式也是谱系式的。儿童首先是从其父母身上和家庭生活中习得原初的道德知识，而不是从书本中获取其道德知识的。必须明白，道德知识乃是一种特殊的人文学知识，而所谓人文学知识不是现代知识意义上的“科学技术知识”，或者用时下的技术语言来说“可编码的知识”，而是一种最切近人类自身生活经验的学问或生活智慧。当然，今天的儿童也可以从诸如电视和网络上习得某些普遍标准化的道德知识，如一些商业广告或社会宣传所传达的道德信息。但无论如何，这些公共的道德信息都远不及父母的言传身教对儿童的影响来得直接和深远，后者的体认式知识传授方式恐怕是永远不可替代的。

这样说来，伦理学的知识生成和传播就面临着一个难以消解的矛盾：如果伦理学是一门真正的科学，其知识就必须是超道德谱系的，或者用康德式的术语来说，必须是可普遍化的，否则，就不能叫作知识，而只能叫作常识或者经验。相反，如果离开具体的道德文化传统或道德谱系，伦理学的知识最多也只能是一种纯形式的知识，不具有任何实质性的内容，因而很难对人们的道德实践发生普遍的实质性价值影响。如果有人对那些食不果腹、衣不遮体的非洲部落居民宣讲自由和平等的人权原则，他们除了漠然、疑惑和失望之外，肯定不会得到任何实质性的价值满足。

不过，这并不是反驳基于普遍理性或普遍道德推理之上的伦理知识论的充分理由，人们同样可以反驳说，如果普遍的伦理学知识绝无可能，人类又是如何达成相互间的道德理解和道德共识的？毕竟人类社会实际上在诸如正义、和平、良心和爱等一些基本的道德伦理价值理念上有着相当程度的分享和共识。麦金太尔曾经承认并且希望，各道德谱系或道德文化传统在达成对本谱系或本传统及他们自身的连贯性发展的具体确认之后，有可能而且应该通过它们相互间的解读、对话和“翻译”(不仅是文本的，而且还有道德观点或文化价值观念的)，寻求某些道德共识。不过，麦金太尔似乎仍然拒绝了诸如康德和罗尔斯等人主张的普遍主义伦理学知识的实际可能。相比之下，我个人可能要比麦金太尔先生更乐观一些，但也不及罗尔斯先生那般大胆，主张如他晚年在《万民法》(1999 年)一书中所倡导的那种或可称之为万民法的自由主义价值立场。我相信，道德知识首先是一种寄居于各特殊道德谱系之中的地方性或本土化知识，不同的地方性道德知识之间的确存在着某些不可公度的知识元素。然而我也相信，某种基于相互沟通和相互理解的道德共识并非是完全不可能的，关键取决于各地方性道德知识是否有相互了解、相互学习的愿望，是否能够保持一种相互宽容、相互增进或共生共荣的文化姿态。况且，道德知识的普遍化实际上也是每一种地方性道德知识的生长愿望，在一个开放和竞争的时代，没有哪一个道德文化传统或哪一种地方性道德知识会轻易放弃这种普遍生长的愿望。问题是，每一种地方性道德知识或道德文化传统都必须明白，这一愿望的实现首先是以“文化平等”和相互学习、相互理解为基本前提和条件的。就此而论，一种平等的文化心态和学习理解的学术姿态，也应当是我们阅读 20 世纪西方伦理学的经典文本的基本态度。

2003 年 12 月中旬成稿于广州中山大学紫荆园，定稿于北京西北郊蓝旗营小区悠斋。《二十世纪西方伦理学经典》(四卷本)，万俊人主编，中国人民大学出版社 2004 年版。

原文刊于《读书》杂志，2004 年第 4 期。

聆听那遥远的伦理叙事

——读龚刚《儒家伦理与现代意义》

绪言：跨学科的科际跨度

三年多前，清华大学哲学博士后流动站始开，申请者蜂拥而至，仅我名下便有十多位。在众多的申请材料中，有一份材料放眼即不能移，让我注目凝思的是该申请者与众不同的博士后研究计划：儒家伦理与现代叙事。申请者龚刚博士原本是北京大学中文系“比较文学研究所”前所长乐黛云先生门下高足，专攻文学评论和文学比较研究，尤其在钱锺书、张爱玲等当代中国作家的小说研究方面卓有成绩。现在，龚君突然掉转枪口，由文学转向哲学。杀奔柴门，让我既惊又恐，继而不安起来。虽说眼下跨学科研究方法(interdisciplinary approach)已然流行大化，且我自己也一直在为之鼓呼不断，却终究因为我近年来很少阅读文学作品，又不谙文学评论的章法，仍不敢贸然，直到我们在蓝旗营上岛咖啡的一席面谈结束之后，我才最终决定接纳他的申请，跟他一起学习儒家伦理与文学叙事。就这样，龚刚博士成了我名下的第一位跨学科研究方向的博士后。

顺便说几句闲话。如同时下许许多多的“后”学一样，“博士后”也或多或少带有些“后现代主义”的反讽意味：一方面，国外的真实见闻和了解告诉我，“博士后”(post-doctor)并非一级学历或学位，仅仅是已获博士学位的博士们在找到合适职位前继续其专业研究的特殊身份称谓，有时候甚至被当作未能成功就业的一种身份符号。但另一方面，在当代中国社会和中国教育的独特语境中，“博士后”却又被当成了某种超高知识身份的代名词——毋庸赘言，博士之后的继续研读确乎应该属于更高阶段的学术探究或科研探险，至少我个人这么认为。既然是探险，就当置身险峰。按国学传统的学术规范看，跨学科本身便是一种冒险行为，幸运者可得学识广博之美名，不幸者则可能落下“两边都不讨好”的后遗症，把自己置身于类似“碟中谍”的险境，原本好好的专业博士身份也因此烙下“名裂”的伤痕。

不过，我们的龚刚博士却肯定属于幸运者的行列！而这一切都归于他的勇敢、智慧和努力，也许更重要的归于他对于中国古典人文精髓的深刻领悟与执着信念：他似乎始终持守着心中的文道和理想，并为之寻找得以“去蔽”和“澄明”的理路或方法，即使这心中的文道和理想已经被时下风尘滚滚的世俗时尚遮蔽得足够严实，仿佛已然封存千古。的确，“后文革”时代，或者更早一些，自新文化运动以降所出现的一幕幕急速变换的文学景象及其背后牵涉的复杂而令人疑惑的社会伦理问题，早已让我们有些眩目，甚至不知所措了。社会之舟在狂风巨浪间颠簸，文学和诗歌在这阵阵风浪中被一次次地撕裂、浸湿，而道德伦理则几乎像浪潮起伏中的海藻一样被连根拔起，随风浪飘浮流荡着。多少年来，文学与伦理如同行进在狂风巨浪间的社会之舟的两叶桅帆，飘然落下多时，苦苦地等待着重新扬起的时刻！在这一非常时期，同时等待着的文学与伦理或许多少意味着某种思想交际的际遇和文化互救的机缘。也许，这也是龚刚君心底秘而不宣的学术期待。我如是猜度，却以道友之心。

龚刚君告诉我，他的研究选择多半是因为读过我和我的朋友、学生们翻译的麦金太尔先生的几部作品。可凭实说，虽然我多少注意到了麦金太尔先生的叙事学理论本身，却并未关注太多，反倒是他的美德伦理学更吸引我的眼球和思绪。可事实是，麦金太尔的美德伦理学正是仰仗他精妙的历史主义伦理叙事学才得以确证的，我怎么可以只及其表而不及其里呢？现在想起来，我必须坦率地承认，龚刚君的门前叫阵不啻当头棒喝，让我幡然警醒。遗憾的是，两年过后，龚刚君已获双秋，而我则仍在起步途中。我是说，他不仅在两年内顺利完成了自己的博士后研究计划，成就佳作，而且无论是就伦理学研究而言，还是就当今中国的文学批评理论来说，他对当代中国文学和文化的伦理叙事学洞见，已然形成了自己别有洞天、别开生面的理论，其学术价值和文化意义都让我刮目相看。

龚刚君给我们提供了一个富有思想张力的伦理叙事

学范例。在其博士后研究成果中，他不仅大大延伸和扩展了原有的有关钱锺书、张爱玲小说的个案型叙事研究，而且自觉地选择了伦理叙事学这一跨学科的前沿方法，在多个不同类型的案例解析中，寻求建构一种具有普遍解释力和思想透视力的伦理叙事学模式。专著围绕着张爱玲、王朔、刘恒、张扬等现代中国作家和导演的小说文本与电影文本，深入地考察了伦理与叙事之间的互动关系，审视和分析了三种具有当代中国文化典型意味的叙事类型：以排斥道德之维为取向的非道德主义叙事；以颠覆正统伦理秩序为动机的反伦理叙事；介于解构与建构之间的“中间态”伦理叙事。作者勘定，这三种叙事方式或类型都不同于传统道德寓言式的伦理叙事模式，而从传统道德寓言式的伦理叙事到当今这三类取向殊分的叙事方式的历史演变，同时也展示着作为传统中国文化意识形态正宗的儒家伦理思想的现代蜕变和现代性命运：“儒家伦理的空壳化”及其拯救途径——“欲兴儒学，必倡戴震之学”！

我无意评价——更不用说大胆裁夺——龚刚君上述伦理叙事探究及其结论本身的精妙与否，但我愿意相信，他对伦理叙事学的建构方式和意义应是不言而喻、值得关注的。在我接下来的陈述和分析中，我将力求证明这一点。

主题：躯壳与血肉之间的文化镜像

龚刚所指正的“儒家伦理的空壳化现象”当然确实存在，甚或可以推而言之，当今之世，不仅是儒家伦理，而且是整个传统伦理，甚至是“现代性”的中国伦理本身，都被空壳化了。无论我们如何评价儒家伦理在传统社会中的文化价值作用和地位，有一点似乎是应该承认的：在传统文化中，儒家伦理之所以能够坐拥主流文化意识形态的宰制地位，不仅因为其道德伦理学说的完备性和实用性，更不是仅仅因为汉以后在官府“独尊儒术，罢黜百家”的辅佑下，儒家伦理得以获取国家政治的文化特权，而且——在我看来——更重要的是，因为它得以实现康德所说的自下而上的道德形而上提升，继而又取得自上而下的道德生活实践化的形下落实，这种上下融贯实际上才是儒家伦理得以长久成为中国社会之“ethos”(精神气质)并得以根深叶茂的奥秘所在。

那么，儒家伦理是如何实现这种上下融贯的呢？熟悉中国传统道德观念和社会伦理生活史的人都了解，儒家伦理不仅在观念和理论的层面上具有十分完备和成熟的理论体系——这当然得益于作为儒学创始者孔子的伟大智慧，和先秦“轴心时代”诸多儒家的不断完善，以及汉、宋及其后历代儒学家的努力推进；而且，由于儒家伦理本身强烈的“入世”与“致用”的“经世”策略和“实用理性”特征，使其较之其他中国古典道德文化传统——如道家、佛家等——有着优势明显的“可世俗化”生长能量。诚如许多儒学研究家们所指出的那样，儒家伦理乃是其“实用理性”最具典范意义的体现，因为儒家的“实用理性”主要表现为一种平实合理的日常人伦道理和道德规范，直接针对人们的自然人伦和日常人生。它甚至有意回避了西方古典美德伦理学所倚重的那种道德形上学论理方法，以某种经验化或典范化的说理方式，表达和传播她独特而具体的道德伦理观念和主张，尽可能使这些观念和主张不仅亲历可感，而且切实可行。更重要的是，儒家深知伦理“纲”“常”转化为人伦日常和社会风俗礼仪的实践落实之必要性和重要性，因而不遗余力地通过诸如“家教”(家庭长辈的言传身教和家族礼数的风化教授)、学养(包括私塾和民间教育体系)直至国教(借助国家政治权力，和权威的社会政治宣传、道德风化教育及社会动员力量)等实际可操作的方式，将其道德伦理主张具体转化为社会风俗礼仪的道德教化和日用伦理教条。比如，儒家以父慈子孝为纲领的家庭伦理和基于仁情义礼的人际关系常理，以及由“纲”“常”推广延伸开来的等级结构式社会伦理关系秩序。再比如，儒家由“体认”而“修身”、由“齐家”而“治国”，最后求达“平天下”之鸿志伟业的个体美德伦理和社会政治伦理图式，都具有此类自上而下的伦理风化或道德教化特征。这大概也是两千多年来儒家伦理虽历经不同时代和社会的风云变幻却始终能够存活下来，并历时发挥其实际社会文化作用的主要原因。

然而，儒家伦理的自上而下并不是一个简单的观念下移或文化原则“体现”(embodiment)过程，更不能简单地归结为借助于国家政治权力和权威的推广及宣传动员过程，而应当视之为多重因素或多种方式复合作用的“中介化”(mediating)过程，在这一中介化过程中，文学艺术发挥着独特的作用。在某种意义上，我们甚至可以说，正是借助于广义的文学作品和艺术行为，儒家伦理才得以深入人心、融入人情，最终落实于人们的日常生活和行动之中。

了解儒家伦理思想发展和传承演进的人都知道，儒家伦理同整个儒家思想观念一起，最初是通过孔子自身艰苦的民间教育(即打破“学在官府”，自办民间教育，实行“有教无类”的民主教育)实践和总结而逐渐形成和传播的。不过，在其原生时代，孔子及其门徒的亲历推广和传播所产生的效果是相当有限的(以至于李零先生有“丧家之犬”的辛辣讥讽)。而且，汉代大儒如董仲舒者的巨大学术努力和汉代统治者的政治认可与权力支持——比较一下公元4世纪罗马帝国对基督教的政治认可和权力支持——的确是儒家得以获取政治合法性和文化特权的重要因素。尔后，历代王朝的儒学制度化和学术官方化的努力，更是使儒家及其伦理不断被政治化(所谓“道德政治化”)而得到更为强力的社会推广和普及。这些都是无须讳言的历史事实。然而，我们必须同时承认，在中国传统社会发展历史中，并非每一个朝代都是儒家及其伦理的黄金生长时期，也并非历代帝王或统治集团都奉行甚至“独尊”儒学儒术，将之奉为治理国家和社会的不二法门。相反，在某些朝代或某些帝王统治者那里，儒学也会受到压抑和限制，例如，隋唐的佛学鼎盛与儒学式微。更重要的是，儒家伦理能够作为一种人们日常生活和行为的习惯性规范，仅仅仰仗儒家门徒的学术倡扬和帝王将相的政治扶携是远远不够的。毕竟，人们对儒家伦理的接受和自觉践履在根本上说只能是一种内在主体的文化认同和价值选择过程，如果它无法深入人心，则终究难以落实于行。任何单纯的思想观念传播和政治宣传或社会动员，都不可能完成使某种或某些既定的道德伦理观念广泛深入人心的文“化”任务。

儒家伦理的自上而下并不是一个简单的观念下移或文化原则“体现”过程，更不能简单地归结为借助于国家政治权力和权威的推广、宣传、动员过程，而应当视之为多重因素或多种方式复合作用的“中介化”过程，在这一中介化过程中，文学艺术发挥着独特的作用。

历史的经验和可靠的理论研究告诉我们，道德伦理作为一种独特的人文知识和精神价值，其得以广泛传播的基础和生根发芽的土壤正是丰富多样的人类情感和独特而鲜活的人性本身。而真正能够浸入人情、陶冶人性的正是文学、音乐和艺术。麦金太尔的研究告诉人们，离开古希腊美妙动人的神话传说、诗歌传诵和“讲故事”(“story-telling”)式的情感叙述，就不可能真正理解古希腊人的美德伦理精神；忽略教堂内神父们的圣典文本朗诵和悠扬舒缓的教堂音乐，以及各种看似繁冗实则必需且颇具妙用的宗教仪式，就无法真正体会基督教神学伦理的内在底蕴，以及它们对于无数信徒之心性信仰的持久支撑。同样，从《三国演义》《水浒传》《红楼梦》等长篇巨作，到《岳母刺字》《孟姜女哭长城》等无数民间文学作品的广泛传诵，我们分明可以看出儒家伦理是如何具体化为一个个“鲜活的面孔”和感人的故事，并最终化身为人民大众心中的道德典范和人生行为典范的。即使在英雄失落、平庸当道的现时代，尽管人们对于道德典范和英雄行为的价值认同已经大大减弱（恕我直言），我们从《拯救大兵瑞恩》《雨人》《辛德勒的名单》等获得广泛社会赞赏的电影和几乎历届诺贝尔文学获奖作品中，依旧不难感受“鲜活的”伦理情怀和道德伦理的感动。

道德伦理观念之所以能够“动”人，根本的原因或首要的条件就在于它能够“动”情：深入人情乃是深入人心的前提。可是，道德学家和伦理学家的学术研究或学理表达——无论多么深刻和雄辩——都不可能直接进入（更不用说深入）人情。非但如此，在许多情况下，学术研究越深入，学理表达越严谨合理，对人情的排斥便越强烈、越彻底。因此，道德伦理学的“理”要进入甚至深入人情的世界，唯一的途径只有文学艺术。借助文学叙事和艺术再现的桥梁，合理的道德主张和伦理原则才能最终转化为人们日常人伦生活的行为规范，通过融入人们的道德情感并不断“积淀”，最终化为人们的日常生活习惯和行为礼仪风尚，而这些恰恰是“道德”和“伦理”两个相互交叉之古典概念的本意。

借“动情”来“晓理”，先“通情”尔后“达理”，或者说，借助人类心理—情感的独特桥梁，来传达道德之“道”和伦理之“理”，即所谓伦理叙事的基本意味。由是观之，伦理叙事的确是消除“儒家伦理空壳化”的有效通道，其意义自然也就不言而喻了。纵观人类道德生活史——与人类道德观念史相对照——便不难发现，正是凭借文学艺术(当然包括电影这一最为生动可感的现代艺术形式)丰富而生动的情感表达，人类社会赋予了道德伦理这一文化精神风骨以鲜活的血肉之躯，使其情义盎然、有声有色。然而，文学艺术的情感之桥在根本上是以个体或人际的情感生活世界为基础的，而这一情感生活世界因其“个体化”“内在性”和“人际情缘”的私密性而有着不可消解的“私密化”特征：虽然趋乐避苦的确是人类情感生活和行为的通常欲求，但每一个人对自身情感生活中酸甜苦辣的真切体验却不可能是完全重合的，因此人们愿意并可能遵循的行动规范同他们理性地认可并实际遵循的道德伦理规范之间，就可能会产生或大或小的紧张、矛盾，甚至是尖锐的冲突，这便是人间无数悲喜剧得以产生的原始根源。也就是说，情理之间，进而在文学艺术的个性化情感表达与道德伦理的普遍规范之间，总是或多或少地存在着某种距离或矛盾的。然而，这种距离和矛盾正是文学艺术与道德伦理产生相互需求和相互补益的内在原因，一如性别和性格的差异与张力是产生人际吸引和人生互补的自然动因一样。现代人类生活不断趋向公共化的趋势及其对现代人个体私人生活不断增强的外部挤压，必然导致现代人和现代社会对某种或某些形式的普遍理性主义行动规则的“路径依赖”，因此造成现代人情感生活世界的日益贫瘠、单调、肤浅、浮躁和对外部规则的过度依赖。

可是，随着现代社会日趋公共化的结构性转型，公共生活领域不断扩张，对个体的私密生活形成日益强大的挤压。结果不仅使得人类的生活和行为越来越依赖于公共生活的规范和秩序，个性化的情感生活随之变得越来越单调、趋同，缺乏应有的丰富姿态和斑斓色彩，而且由此带来的普遍理性化的思维方式，也使得现代人和现代社会越来越习惯于用“普遍理性”甚至单一化的理性来剪裁人类的生活之树，使其成为只有树干没有枝叶花蔓的沙漠枯桩。想一想现代人和现代社会对于密集如织的法律之网的行为依赖(我视之为另一种形式的“路径依赖”)，看一看现代文化日趋大众化、商业(市场产业)化的现状，我们就不难明白这其中的奥秘：在公共生活和公共行为领域里，一切个性化和特殊化的东西都被作为公共规则的“例外”情形而受到约束和禁止，即使是基于人们情感经验的文化生活也不得不被镶嵌在市场(商业)的“无情”——所谓“市场不相信眼泪”——规则限度之内而变得单一、程式和透明。在某种意义上说，一切心理的和情感的生活经验、行为都必定是天然隐晦的、“特殊主义”的，它们同一切单一透明的普遍主义规则格格不入。于是，人们便会自然而然地提出这样一个问题：在现代社会日趋公共化的情形之下，上述由“情”而“理”、通“情”达“理”的伦理叙事还有可能吗？姑且可能，一种“现代性”的伦理叙事又如何可能呢？

问题：“现代性”的伦理叙事如何可能？

倘若我的上述分析和举证大抵可信，则“现代性”的伦理叙事如何可能的问题就是一个有意义的问题，自然，这也是我自从接受龚刚君博士后研究申请以来一直担心的问题。

我的担心同龚刚君的学术能力和学术志向无关，恰恰相反，在这一点上，我对他有着充分的信赖、欣赏和期待。我的担心只缘于我个人的学术判断：现代人类生活不断趋向公共化的趋势及其对现代人个体私生活不断增强的外部挤压，必然导致现代人和现代社会对某种或某些形式的普遍理性主义行动规则的“路径依赖”，因此造成现代人情感生活世界的日益贫瘠、单调、肤浅、浮躁和对外部规则的过度攀附。与之相辅相成的是“理”的强势与“情”的贫弱，“情”“理”之间失去应有的张力和均衡。在此情形下，叙事伦理不可避免地受到规范伦理日益强劲的压迫和排挤，寻求伦理叙事的努力变得越来越艰难，越来越难以预期。

现代社会的公共化转型是结构性的、不可逆转的发展趋势。这首先是由于作为社会物质基础的经济市场化转型所导致的必然结果。开放、共享、均衡和交易的普世化是市场经济得以建立和发展的内在要求。市场并不专属于任何个人和集团，而是面向一切自由行动的经济行为主体；同时，市场及以市场价格为核心的市场交易机制具有一种强制性的剪裁作用，它要求以市场供求关系本身为基准建立自由交易的经济秩序，并通过市场价格均衡、市场资源配置等方式来建立这种经济秩序，在理想状态下，这种经济秩序的确具有某种“自发”的特征。然而，市场经济的前提预制虽然是自然人性论(基于人性本恶和私欲可用的人性考量)，但是，它所要求的经济秩序和经济行为规则，却偏偏又是纵私欲却无私情的“经济理性”基础上的普遍合理性和正当有效性规则。由此滋生的社会政治要求是自由主义的民主政治，而非等级结构式的强权政治；其所需要的文化秩序则是可市场化或可普遍实用化的大众世俗文化，而非取法乎上的精英文化。更重要的是，市场经济的这种普世效用主义和经济理性主义的秩序要求，造成了现代人和现代社会文化价值观念(包括道德伦理观念)的物质实利主义和世俗商业主义的普遍价值取向，一切个体和人际的自然情感、心性情绪都被商业化的浪潮荡涤得干干净净，诚如马克思所描述的那样，一切田园诗般的脉脉温情都被市场规则的剪刀作为妨碍市场秩序和商品交易普世化洪流的枝节叶蔓被无情地剪除了，剩下的只有市场交易和适用于市场交易的行动法则。

市场经济的洪流如此浩大，以至于任何非物质非实利性的或不可商品化的文化行为都难以找到寄生之地，一切个体的、人际的和群体的不可公共化或市场化的情感生活经验都难以找到独立生长的空间和时间。如果说传统伦理叙事的根基和前提是丰富、深厚、多样的文学艺术表达和偏于个体心性内在的美德伦理，那么，当这种文学艺术表达逐渐失去现实生活的温情语境，当美德伦理逐渐成为现代人和现代社会的往昔记忆而非现实道德生活体验，这时候，伦理叙事又如何可能呢？

人们必须正视的又一个“现代性”事实是，社会公共生活领域的扩张必然产生对公共行为和公共秩序的普遍规范体系的内在需求：很明显，在社会公共生活领域里，任何个体或群体的特殊诉求都必须服膺社会公共行为规范的普遍要求，而社会公共行为规范的普遍有效性和合法性在某种程度上说总是对个体行为和旨趣的外在约束。当制度经济学的先行者康芒斯说“制度即集体行为对个体行为的控制、扩张和解放”时，他所欲揭示的正是社会公共的行为规范体系对个体行为的这种普遍一律的约束。因此，我们又可以说，现代人和现代社会以“理”驭“情”，“情”“理”失衡的根本标志或后果，即“公共规范”优先及其所带来的公共规范或规则对个体情感和个体行为不断强化的约束。

最后，“现代性”所导致的一个基本文化事实是，由于市场经济的趋利唯利本性对文化的市场产业化和商业利润化压力，促使现代文化不得不高开低走——即走向市场、走向世俗、走向价值物化，从而使得文化的大众化或反精英化、世俗化或平庸化成为不可避免的结局。因此我们看到，现代社会的文化生产和现代人的文化创造不得不采取市场批量生长和商业运作的方式，有时为了适应甚至取悦市场的“大批量”需要和文化消费者的消费享乐心态，还不得不采用某些凡俗、媚俗、庸俗的“俗化”方式，降低对优雅文化品质的精神要求，乃至放弃文化自身应有的“斯文”和“教化”追求。于是，我们越来越多地看到，所谓“快餐文化”“泡沫文化”“调侃文化”“娱乐文化”“文化炒作”，单纯的“身体文化”，以及所谓“躲避崇高”“放弃卓越”“用身体写作”等，实质上是“非文化”甚至“反文化”的现象层出不穷，并逐渐习以为常。我之所以把这些现象归结为“非文化”和“反文化”，主要是想提醒人们记住一种具有根本意义的人类文化立场：人类创造自身的文明和文化生活并以此使自身超拔于自然生物或其他动物的根本目的和全部努力，并不仅仅是为了娱乐生活(这当然是一个非常重要的向度，对此不必讳言和回避)，更重要的是为了使人类自身的生活和生活方式具有超越其他自然生物和动物的文化精神意义。这其中，道德伦理的生活和生活方式一直被视为最重要的文明和文化价值向度。有尊严地生活、有情义地生活、优雅地生活、有希望地生活始终是人类的向往和追求，而这一切都同人类文化生活的品质和生活方式的精神提升直接相关。

现在的问题是，既然情感生活是伦理叙事得以可能的经验基础，那么，重新找回失落的情感生活世界就是重建现代伦理叙事的前提条件。也许，我们不能说现代人的生活已经成为一种无情感的生活，因为只要我们还保留着人的天性，只要我们还保留着对诸如爱情、婚姻和家庭的执着，只要我们无法放弃亲情和人情，寻找真实美好的情感就有可能，即使在“现代性”日益膨胀的现代社会，基于这种真实美好的人类情感的伦理叙事就仍然是可能的。

进一步具体言之，现代社会生活的公共化扩张和挤压固然给现代人的私人生活空间造成了不断增强的压力，但无论如何现代人都不可能完全失去自身的私人生活领地和感情生活经验，即便按照现代市场经济的一般法则来看，“稀缺”意味着市场价值的珍贵，在日见强大的社会生活公共化挤压下，私人生活反而有可能成为一种珍稀的人生价值体验。问题的关键在于，人们是否意识到了现代私人生活经验的珍贵，能否留意并珍视其人生价值意义。也许，现代人生的价值意义并不只在外在的社会实现，而且也在内在人生的主体体验，比如，快乐、幸福和希望等。

市场经济或现代商业确实严重的侵蚀了现代文化事业的独立发展，使其越来越商业化、商品化。然而，历史的经验又告诉我们，但凡高雅文化的创造与生长，并不是在物质贫瘠的生活土壤上实现的，相反，大量具有跨时代和普世意义的文化成果常常是借助于丰富的物质资源取得的。例如，哲学智慧创造，古今中外的经典建筑艺术、音乐绘画作品和那些具有永久公共纪念意义的文化物品，等等。也就是说，物质文明——更直接地说，金钱本身——同高雅文化的创造并非是天然对立的。问题的关键并不在于是否运用市场运作或商业操作的方式来创造和生产文化，而在于出于怎样的目的、能否以合理正当的市场方式或商业手段来创造和生产文化成果。

同样，公共普遍化的行为规则的确可能因其整齐划一的约束效应而严格限制了某些(甚或绝大多数)个体行为的自由空间。但是，诚如康芒斯正确洞见的那样，规则和制度不仅仅是控制“个体行为”，它们同时也是对个体行为的“扩展和解放”，公共规则的普遍有效同时也意味着对每一个人的行为规范和约束必须是公正平等的，它不仅使现代人认识世界和社会生活的视野更加开阔，视景的地平线有可能无限延伸，因而使得现代人对生活和世界的认识与体验更为丰富，更加开阔，在某些条件和情形下甚至更具深度，而且它也给现代人提供了尝试新的生活、发明生活世界的新的意义和向度，从而为人们形成新的人生理解和文化理解，提供了前所未有的社会生活条件。仔细想想现代奥林匹克体育竞赛所展现的巨大魅力：尽管它已经被现代商业浪潮所浸湿，也被越来越烦琐精密的竞赛规则所分割，但竞赛者卓越的竞技表现仍然让现代人怦然心动、如痴如醉。

总之，在物质与精神之间，在无情的市场与有情的心灵之间，在规则他律与情感自由之间，并不存在截然相反的两分对立，真实存在的只是或者更多的是一种“必要的”张力，一种可以转化甚至优化提升的冲突，在某些情况下，甚至是一种相互激发、相互补益、相互发明和相互攀援的互蕴关系。如是观之，伦理叙事所赖以展开的人类情感生活世界不仅可以继续存在，而且可能美妙依旧、风光依旧——如果我们曾经有过的心态和信念也能依旧从容和淡定的话。仔细读读龚刚君的这部伦理叙事学力作，你多半会认同我的这一直观和判断，当然，这首先恐怕需要你得拥有同龚刚君相近甚至相同的心境：步履匆匆间，蓦然回首，那人、那情、那心……仍在灯火阑珊处。

不过，伦理叙事学对人情和人性的吁求是否一定要如龚刚君所倡导的那样，需要进一步上升到恢复戴震之“体民之情，遂民之欲”的政制理想层面，仍然是值得慎重考虑的。毕竟，伦理叙事不是政治伦理，伦理叙事的可能更多地依赖于现代人的感情自珍和现代社群的文化自觉，而不是现代政治的权威扶携。或者，我们可以说得更极端一些，伦理叙事更多的甚至在根本上只属于民间的道德故事，其叙事方式应该是流行于坊间伦理世界的道德叙说，其叙说话语也应该是或主要是非文化意识形态的。我的这些直觉性的看法，未知龚刚君以为如何，姑且陈述在此，请益于龚刚君为荷！

原文刊于《文景》杂志，2008 年第 1—2 合期。

美德伦理的西方镜像与中国视差

——江畅《西方德性思想史》唱序

一、引言：道德/伦理类型学星座中的美德伦理

在人类道德思想史或伦理学史上，美德伦理无疑享有其独特无朋的地位。如果说，作为一种人类自律的基本方式，道德/伦理最为典型也最为内在地体现了人类理解并把握自身生活世界——包括其经验生活世界和精神生活世界——的主体自觉性，那么，在诸种不同类型的道德伦理中，最能充分彰显人类道德主体性的当属美德伦理无疑了。一般而言，相较于法律和政治，道德/伦理更能彰显人类自身的意志自由；相较于宗教神学，道德/伦理更能确保康德所说的“属人的”自由尊严。由是观之，相较于其他伦理学类型，美德伦理当属于最能充分表现人类道德/伦理之自由意志与自由尊严的道德理论类型了。

事实上，自亚里士多德完成人类知识体系的“百科”划分并首先创立伦理学以来，美德伦理就一直是伦理学的经典知识形态，即使是中世纪神学伦理，也并未因为神学本位的强制统辖而改变“依美德而言伦理”的

基本论理路径。只是进入近代以后，或者更确切地说，启蒙运动以后，西方伦理学才开始其理论转型，亦即从美德伦理或人格化伦理向规范伦理或社会公共伦理的转型，作为一种知识形态的美德伦理逐渐退出西方伦理思想的中心舞台，隐逸于学术边缘。与之相对，适应于现代社会日趋公共化发展的规范伦理学则迅速占据西方伦理思想舞台的中心，成为西方现代性价值观念的基本表达方式和话语形态。直到20世纪初，伴随着逻辑实证主义和科学主义的勃兴，新生的元伦理学或分析伦理学很快形成足以与规范伦理学相互颉颃、相互竞争的格局。

然而，这种条分缕析的类型学划分太过粗陋，远不足以清晰准确地刻画西方伦理学，尤其是晚近以降的西方伦理学的“庐山真面”。仅仅从尼采开始，现代西方伦理学便因为“上帝已死，一切皆有可能”的颠覆性文化价值观念转变，而开始其“你方唱罢我登场，各领风骚三五年”的文化多元主义竞技。元伦理学打压下的规范伦理学慢慢销声匿迹，一时间仿佛“山重水复”，甚或“灰飞烟灭”，却又因政治伦理的复兴——罗尔斯无疑是这一伟大复兴的旗手和领袖——而“柳暗花明”“否极泰来”。无奈偏遇后现代主义到处“兴风作浪”，使得无论是元伦理学，还是新规范伦理学，抑或是作为一门哲学分支学科的整个伦理学自身，一时间又似乎茫然失据，“没有了主张”。这便是20世纪80年代前后西方伦理学的真实景象。

正是在这一特殊时刻，美德伦理借着新规范伦理的复兴之势，悄悄地然而却是强劲地开始了它的凤凰涅槃，浴火重生。先是探寻人们道德行动的“理由”“动因”（福特、图尔敏），再是反省规范伦理和分析（元）伦理的诸多缺陷，最终进抵整个“现代性道德谋划”的失败反思和复归美德伦理传统的公开申言（麦金太尔），美德伦理仿佛蓄谋已久，大义凛然地挤进当代欧美伦理学界的“议会厅”，甚至占据了显要一席。当代美德伦理如此悠然而凛然地回归底气何在？如果我们熟悉西方伦理思想的知识谱系、学科架构或理论星座，以及更重要的是她的历史脉络，就不难明白，在众多知识传统或思想理论传统的当代回归或复兴中，很少能有像美德伦理的知识／理论谱系具有如此深厚的历史资源、生活资养和“实践智慧”支撑。它立基于人生、人性、人情、人格和人文，几乎从一开始起就与人类共同分享着同一精神源泉和“幸福目的”——这或许就是为什么亚里士多德将其伦理学自诩为“幸福伦理学”（“优太谟伦理学”，Eudemonia Ethica）的真实立意。职是之故，美德伦理便自然而然且理所当然地成为几乎所有传统社会的道德理论样式，并在漫长的历史长河中积淀了深厚的文化根基和精神能量，而这些又为今天的美德伦理提供了不可多得的道德文化滋养，不仅是在西方，而且在东方和中国，美德伦理的当代复兴也获得了遥远而广泛的回应和共鸣，这一点尤其值得我们关注。

二、主题:美德伦理的中西文化视差

尚未确定究竟是因为西方现代性道德的强势影响所致，还是由于现代中国的道德文化因其特别强烈的激进“革命性”和抽象“形式化”所造成的过度规范主义诉求使然，原本具有悠久连贯之美德伦理传统的中国伦理学界，在很长时间里竟然极少关注美德伦理，包括西方美德伦理，这种状况一直延续到20世纪90年代初才开始改变。然而迄今为止，我们对西方美德伦理的了解仍然是零散的、局部的，甚至是初步的，这一领域也是我们急需改进和弥补的专业知识领域。

江畅教授是国内伦理学界较早开始研究西方美德伦理或德性思想的学者之一，其研究成果早已引起学界关注。难能可贵的是，这些年来他躬身此域、勤耕不辍，春去秋来，终于成就煌煌四卷本三百万字的《西方德性思想史》，给我们提供了一幅——在我看来不独完整而且多有外溢的——西方美德思想通史画卷。就西方美德伦理而言，古希腊尤其是古希腊中期(亦即所谓“内部极盛时期”)、中世纪尤其是托马斯·阿奎那所代表的经院神学时期和当代英美，无疑是西方美德伦理三个最为重要的发展阶段。人们所熟悉的所谓“古希腊四主德”——即柏拉图所概括的“智慧”“勇敢”“节制”和“正义”，以及“基督教三主德”——即托马斯·阿奎那所概括的“信仰”“希望”和“爱”，被看作西方古典美德伦理的

"核心理念"，也曾代表着古希腊和中世纪西方社会的"核心价值"。至于当代英美的美德伦理学研究，大多已经把理论研究的重心从美德伦理之核心理念的凝练，转移到美德伦理的基本理论方法和历史分析上来。这种重心转移一方面与整个西方哲学乃至文化的方法—技术论转向有关①，另一方面也是由于在现代社会条件下，道德伦理越来越被当作"私人生活领域"的"私人事务"，更多地诉诸个体人格化的多样性理解，因此，难以形成具有较高公共社会共识的核心美德德目和美德理念。

显而易见，江畅教授的用心用力远没有停留在上述"经典时期"或"重要时刻"。他有着更为宏大的学术志向和思想抱负：氏著从前苏格拉底起笔开篇，掩卷落笔于当下，其间爬罗剔抉，梳理备至，潇洒投书三百万，卓然下笔九千重。纵横捭阖，上下天光，让人感佩不已！想当年吾尚在而立，前后五年，勉力写成《现代西方伦理学史》上下两卷，虽幅容不过百万字余，却已是精疲力竭而近乎奄奄。如今江畅兄以年近花甲之龄，时不过三回春秋，竟成四卷逾三百万言之大著，岂不让我唏嘘感叹于击节尽杯乎哉！畅兄的运思是宏大而高远的。他似乎对我前述的"零散、局部、初步"已有充分的意识，并决意写出一部完备系统的西方德性思想史，以解学界之饥渴于燃眉。初读全书目录架构，我以为氏著远

① 参见拙文《世界的"膨胀"与哲学的"萎缩"》，载《读书》杂志，2015年第10期。

非西方德性思想史，毋宁说更像是一部另类的或类型学意义上的西方伦理思想史，甚至伦理—社会思想史。然则坦率地说，也正是作者的这一雄心和大胆，让我感到些许不安。由于我的阅读时间太短而氏著篇幅太巨，我未能仔细读完四卷全书，仅仅是选读了若干我以为十分重要或者有些疑惑的章节。

以我粗浅的学术直觉观之，江畅教授的《西方德性思想史》确乎不能被称为一部严格意义上的西方美德伦理学史，甚至也或多或少超逸了我所谓类型学意义上的西方伦理学史。初观其大，发现“近代卷”和“现代卷(上)”似乎游离全书主题论域已远。带着疑惑，再选读其微，发现作者对西方德性思想的理解自有其理，抑或可自成一解。我可以大胆地预测，待专家读到氏著，多半也会与我同感，其疑惑甚至比我有过之而无不及。这是自然而然的，因为我们通常所理解的美德伦理或德性伦理概念，很难见纳诸如近代社会契约论者(比如，霍布斯、洛克)、理性主义者(比如，康德、黑格尔)和现代社会批判理论(比如，哈贝马斯)、新规范伦理学或政治伦理学(比如，罗尔斯)等学派或学人的伦理思想，更遑论某些后现代思想家的道德理论了。可这样的理解却并非理所当然。江畅教授从事西方美德伦理研究已积数十年之功，绝不会贸然扩张已然确定的基本概念而偏求规模或者数量。所以，欲知其故，还需重新理解西方美德伦理或德性思想的原始本色，如此，不但可以更多地理解江畅教授的《西方德性思想史》，甚或还可窥见中西美德伦理的视差或不同，以及这背后潜藏的诸多开放性课题。

限于篇幅和学识，我只想讨论中西美德伦理诸多视差之一种。我确信，仅仅是这一点便可大大消除读者对上述可能产生的疑惑。这种具有关键性意义的视差表现在中西美德伦理的基本出发点或理论“基始”(arche)上，约略而论，中西美德伦理传统都有这样一种共识：即美德的主体乃是人格化(personalized)的角色(character)之行为主体的优异品德，也就是说，美德必定且首先是作为某一特殊角色或具备某一特殊身份的人格化行为主体的优异品德。比如，中国美德伦理中的父“慈”子“孝”，西方美德伦理中的智者“智慧”、武士“勇敢”，诸如此类。然而，中西美德伦理传统之间的一个具有根本性和全局性意义的差别是：中国古典美德伦理的人格化角色是镶嵌于人伦关系网络之中的，故而，它始于家庭或家族的血缘或亲缘之人伦关系，由“家”而“国”而再“天下”。家是播种美德进而培育美德生长壮大的摇篮，因此美德及其教化首先自家庭和家教开始，而后是学校，再后才是社群、国家和天下。与此不同，西方古典美德伦理的人格化角色主体从一开始便被置于“城邦—国家”的社会政治语境之中，其生长底座首先就是社会化甚至政治化了的某种形式的“道德/伦理共同体”，而非家庭或家族。智者的智慧必须经由公共生活领域——尤其是城邦政治生活领域——的“实践”才能真实表现出来，武士的勇敢更是必须经过万众瞩目的战斗、战役、战场的英雄壮举、胜负检验，甚至是生死考验才能获得证实。在这些公共性的美德实践中，家和家庭几乎没有什么特别意义，因为无论你出生贵族还是平民，甚或奴隶，只要你英勇善战，同样可以赢得勇士的荣耀，成就勇敢的美德。

中西古典美德伦理的这一原始视差，预制并导出了中西美德伦理传统殊为不同的学理路径和文化效应：中国传统美德伦理始终面临着一个未能很好解决的难题，即如何将个体人格化和人伦关系化的美德准则转化为社会公共化和普遍有效的社会规范伦理的难题。与之相对，西方传统美德伦理因其原初已然具备的社群或城邦—国家之政治伦理共同体的预制基础，似乎无须经过艰难的转化或额外的中介条件，便可自然而然地，同时也是逻辑必然地从传统走进现代。尽管其间经历了由于中世纪基督教神学“格式化”而产生的“政教分离”和“脱圣还俗”的人文主义思想启蒙，但西方古典美德伦理自始至终保留的社群或社会的共同体主义语境，使其始终保留着从个体人格美德进入社会公共美德的实践通道。

明确上述起点性视差及其思想意味和理论蕴涵，我们也就不难理解，为什么江畅教授竟然不惜铺陈一半的篇幅——氏著四卷本中的“近代卷”和“现代卷(上)”两卷——来巡视阐释那些看似与经典美德伦理主题关系不大的理论流派或思想人物。但愿我的上述理解不只是一种出自学术友谊的学术辩护，而是恰巧洞悉到江畅教授的良苦用心并将之公布于众的学术善功！果真如此，是否这也是一种学者的美德？姑且一笑也罢！可我的好奇并不止于此！我更想就此引申并追问的是，仅仅是基于西方古典美德伦理的社会语境和兼顾政治伦理的共同体主义价值取向，是否便能洞开并满足现代公共社会对于公共规范伦理的内在需求？如果能，西方古典美德伦理的成功又能给中国美德伦理传统的现代转化提供怎样的经验和参照？如若不能，西方美德伦理传统是否仍然面临着现代转化的任务？又该如何完成这一使命？中国美德伦理传统从中可以吸收哪些教训？凡此种种，可能是更值得我们今天深思熟虑的现代伦理学课题。

三、余绪：美德伦理及其现代性命运

上述课题牵涉面太广，也过于复杂，远非一篇书序所能承担。在此，我只能概而论之，以求抛砾石而引玉璞、点熠火以迎满天繁星。

还是回到美德伦理的论理原点上来：以个体人格的品格角色或独特身份为基本出发点，是古典美德伦理的第一要义，这一点对于中西美德伦理传统来说都是相通的，故此我将之称为美德伦理的“基始”。然而在现代社会条件下，随着社会基本结构的公共化转型，其复杂性和分层化远非传统社会所能比拟。具体地说，现代社会里个体的角色和身份之分衍复杂，很可能使得美德伦理的起点或“基始”变得异常繁杂而难以确定。比如，由于现代人身负多重角色和多种职责，常常容易造成社会学意义上的“角色混同”，因而其所可能或应当成就的特殊美德也往往容易出现交叉模糊，甚至暧昧混同的情形。更何况现代人的生活因现代社会日趋强劲的公共化趋势而变得越来越缺乏独立个性，越来越被公共扁平化、同质化，依附于个体特定角色或身份的品德特质也同样被扁平化、同质化，以至于人们在多数时候、多数情况下只能停留在社会公共伦理的规范意识层面，来审视自己的生活行为，或者更有甚者，许多现代个人越来越依赖于公共社会给予的扁平化、同质化、公共化的社会伦理评价，而缺乏足够充分的自我美德意识：“我是谁”或“我究竟如何”不知不觉已经变成了“我是大家或社会所了解的某某某”或“你们(大家)觉得我如何”。

在此情形中，不用说个体的人格美德辨识变得越来越困难，就连个体人格本身的自我认同都变得模糊不清、琢磨不定了。这究竟是美德伦理融入现代性社会规范伦理的证明？还是美德伦理迷失于现代性社会规范伦理的不归歧路？如若不幸是后者，那么，我前面所谈到的传统美德伦理所面临的现代挑战便不仅严峻，而且很可能是致命的！

美德伦理及其生长既需要有其人格主体和人格角色身份作为其立足之地，也需要丰富而独特的各种形式的社群或文化共同体作为其生长化育的基地，更需要融合而连贯的历史语境或传统积累作为其持续有效的绵延生机或文化合法性支撑。没有这些基本条件，或者一旦这些条件或基础发生不可逆的改变，则美德伦理及其生长就会变得十分困难，一如人深陷空气稀薄的隔离地带而难以生存一样。可是，江畅教授的《西方德性思想史》之“现代卷（下）”清楚地告诉我们，上述担心似乎不过是杞人忧天而已：在对现代社会和现代性道德（谋划）的批判性反思中，美德伦理学得以悄然复苏，继而复兴。20 世纪中后期以来，以安斯坎姆、威廉姆斯等人为代表的美国伦理学家们，从不同侧面对“现代道德哲学”展开了各种各样的批评性探讨，以及关于道德行为主体、道德理由、“道德法典”等的重新思考，揭櫫了现代性普遍理性主义规范伦理的内在局限，同时，所谓“新康德主义”“新亚里士多德主义”渐渐崭露。直到 1980 年麦金太尔出版《追寻美德》一书，美德伦理学才正式宣告重返西方伦理学舞台。时至今日，诸如纽斯鲍姆、威廉姆斯和麦金太尔，已然组成当代美德伦理的中坚，并聚集了像桑德尔（部分地）、斯洛特（“新情感主义美德伦理”）等相当一批最新的美德伦理学老将新锐。

西方美德伦理学的又一春真的来临了吗？人们不禁会问。果真如此，又是谁因为何种缘故创造了这一学术机缘与思想景象？我的学术直觉再一次告诉我，西方现代性曾经宣判了西方古典美德伦理学的寿终正寝，如今却又催生了古典美德伦理的现代再生。因为现代社会结构与生活实践方式之公共化趋势的日益加速和强势，植根于个体人格主体或角色身份的美德伦理被迫从中心退到边缘，甚至一度从西方现代伦理学视阈中销声匿迹。

同样，也是因为西方“现代道德谋划”(麦金太尔语)的整体失败，尤其是作为西方现代性道德理性主义启蒙之伟大成就的普遍理性主义规范伦理学已然不堪料理现代社会的道德生活，美德伦理又重新被请回西方当代伦理学的思想舞台，成为其主要的前沿理论流派之一。

然而，当代西方美德伦理能否成为西方现代性道德病症的“解毒剂”(麦金太尔语)？它显然不可能替代现代规范伦理学——不要说完全，就是部分也不可能，更不可能解除西方现代社会的道德病症，甚至也难以成为挽救“现代性道德谋划”之失败命运的最后寄托。可是，美德伦理学的现代复兴或再生本身便足以证明其意义，至少它告诉我们，无论传统还是现代，人类的道德生活一如其社会生活，本身充满着复杂多变的意义理解和实践样式，任何一种伦理学或道德哲学都未必能够充分表现其丰富的文化思想意义和价值实践意义。也许，现代社会的“现代性道德谋划”只能是多向度、多层次乃至多类型的。江畅教授的这部四卷本《西方德性思想史》出版的首要学术价值就在于，他以其宏大系统而精当出色的研究，最大限度地展示了西方美德伦理思想这一经典而又现代的伦理学类型的思想丰富性和理论独特性，从而也间接地提示我们注意到，西方伦理思想——无论古典还是现代——之历史嬗变与思想分衍的丰富多样性面貌。仅此而论，《西方德性思想史》的出版便不仅值得祝贺，而且也值得我们感铭！

江畅教授同我相识多年，时有相互商榷和砥砺，是书甫成，他嘱我为之一序，应之失敬，辞也不恭。踌躇多时，急急以孤陋而陈述如上，并特别申言之为“唱序”。“唱”者，鼓呼唱和是也；“序”者，敬答兄命是焉！至于畅兄这四卷巨作究竟若何，即令我已殚精竭虑，所能企及者仍不及其中万一，只能靠各位专家读者自己去用心解读、体会和评判了。

江畅：《西方德性思想史》，人民出版社2016年版。

年轻气盛的美国伦理学

——向玉乔教授《美国伦理学史》小序

美国是我们这个星球上最年轻的现代国家之一，同时也是现代世界最强势的帝国，而且近乎施蒂纳意义上的那个“唯一者”。一个基于“五湖四海”的多民族移民——甚至最初还只是被放逐的败落者或流放者——所组成的年轻国家，建国不足两百年便能够取大英“日不落帝国”而代之，成为现代世界头号帝国，这本身便是一个国际政治的奇迹，其间必有诸多耐人寻味之处。以我陋见，“帝国”并非天然的贬义词，“帝国主义”才具有政治价值的批判指向。在纯描述意义上，所谓“帝国”，不过是指在某一特定的历史时期和国际区域乃至全球具有宰制性力量或支配性能量的国家而已。然而，一个国家想要获得成为帝国的能量或条件并非易事，也就是说，并非每一个国家都能成为帝国，只有那些具备一些必要条件或能力、具备强国志向且幸遇某种或某些历史机缘的国家，才有可能——但也并非绝对必然（比如，假设有几个国家同时或几乎同时具备这些条件和要素，是否在他们彼此的相互竞争中能够最终脱颖而出，也很难说）——最终成为帝国，这其间一定还有许多需要寻觅发见的奥秘。

毫无疑问，美国人基于欧洲近代传统所创造的现代哲学、文学、艺术等思想文化成就，构成了新生的美帝国强大的精神力量和思想文化条件，或可说，没有强大的“美国精神”，便不可能有强大的美帝国。这其中，美国伦理学应当是最值得关注的，因为她直接而集中地表达了这个新型现代化帝国的“核心价值体系”和文化价值理想，亦即所谓“美国梦”的价值意义。就此而言，诚如许多美国研究者，诸如著名美国新闻媒体人、美国思想文化研究者康马杰在其《美国精神》一书中所谈到的那样，不了解“美国精神”的形成和内涵，就无法了解作为现代化帝国的美利坚合众国；而不了解新教和新教徒们艰苦卓绝的美国追梦历程，不了解地道的“美国哲学”(如实用主义)，不了解梭罗、爱默逊、詹姆斯，不了解好莱坞、麦当劳……也无法真正了解所谓“美国精神”。

诚然，所谓“美国精神”并非孤立偶发的产物，它深深地受惠于近代欧洲乃至整个欧洲古典思想文化的哺育和滋养。然而，她确实饱含着美国人独特的生存发展经验和思想文化创新，而非欧洲思想文化的简单移植或嫁接，更不是其翻版。当威廉·詹姆斯用“试验”“尝试”等术语来替换欧洲近代经验主义哲学的“经验”范畴时，他强调的是现时代美国人当下的“行动”心理和“实践”状态，而当他用“实用”“有用”等术语来取代英国功利主义(一译“功用主义”或“效用主义”)的“功利”范畴时，他主张的不再是“最大多数人的最大幸福”，而是每一个个体行动和行为的当下意义及其实际工具性价值。这是一种急需求得新生和成长的生存哲学或人生哲学，而不仅仅是一种社会价值学原理，更不是一种简单地为适应大工业社会生产需求而提出的政治经济学原则！

同样，当我们读到《瓦尔登湖》及其向我们慢慢展示的金秋景色——更不用说有机会身临其中——时，你便觉得，几乎所有在欧洲各国著名博物馆所展示的秋景油画都远不及瓦尔登的秋天所显露的真实景象，它应当成为不只是欧洲而且是所有自然主义印象派画家的原始摹本。可真正值得读解的意义不止于此，还在于其超审美视阈的伦理意义：瓦尔登湖是所有不远万里来到北美洲的欧洲和其他洲之移民，亦即所谓“新来者”（“New comers”）的幸运发现，是所有美利坚合众国的国民对“母亲之地”即“祖国”的幸运发现和亲爱体验。与自古就开始漂泊游离的犹太人相比，这些“新来者”何其幸运而幸福！如果你能了解这一背景，便不难理解如此实用主义的美国人竟然也如此的自然主义和理想主义，它同样构成了美国哲学伦理学和“美国精神”的独特品质。

此外，谈到美帝国崛起的历史机遇和外部条件，不能不说美国在两次世界大战特别是第二次世界大战期间和其后所获得的巨大国际利益，这其中，最具意义却又最容易被忽略的是美国从欧洲等地获得的文化、科技、思想和人力资源，或者概括地称之为国家发展的理智资源：由于美国和整个美洲置身于两次世界大战的战火之外，战乱中大批科学家、文学艺术家、思想家和哲学家从欧洲等地逃到美国或美洲地区，实际上为美国带来了大量优秀的人才和智力资源。第二次世界大战前后欧洲古典和新理性主义哲学、分析哲学和逻辑实证主义哲学相继进入美国哲学思想界，客观上极大地推动了现代美国哲学和伦理学的创新发展，自然也给美国现代文化思想和“美国精神”注入了新的能量和动力。这就是人们所说的西方文化中心的现代转移。

第二次世界大战之后，西方文化的中心渐渐从欧洲转移到美国，为美国伦理学的繁盛提供了契机。元伦理学20世纪上半叶在美国的蓬勃发展，政治伦理学20世纪后半叶在美国的强势崛起，作为美国本土哲学的实用主义伦理学也在当代重获生机，得以强健复兴和拓展，如此等等，都说明了美国在战后世界新格局中日益凸显的文化、思想和价值引领地位。对此，我国学术界不能不给予足够的重视。

近些年来，由于我国从现代化大国向现代化强国转型和提升的速度日益加快，中美关系问题变得空前引人注目。两国之间的交流与日俱增，但彼此之间的博弈和竞争也变得更加激烈。在此时代背景下，加强中美两国之间的了解，尤其是深层的思想文化了解，不仅十分必要，而且日益紧迫。要积极回应这一挑战，中美两国的学术界都有着不可推卸的责任。就伦理学而言，回应这一挑战显得尤为艰巨和紧迫。这是因为，近30多年来，我国学术界的“美国研究”更多地聚焦于中美两国的政治、经济和产业化文化关系等显性的或实质性层面，而较少深入诸如哲学伦理学等隐性地带，可以说，迄今为止后者仍然还是亟待开垦的领域。

向玉乔教授是当下国内为数不多的几位躬身耕耘于美国伦理学研究的伦理学者之一。他不畏偏僻艰难，经年深耕细作，多年致力于研究西方伦理学，特别是现当代美国伦理学的研究。诚然，玉乔教授自有其得天独厚的条件，比如，他拥有英语语言文学学士和硕士学位，曾经专门研究过美国历史，特别是美国文学史，具有先备的语言优势，又先后两次以高级访问学者的身份访学美国顶级大学，获得研究美国伦理学所必需的搜集资料和了解前沿学术资讯的学术优势。然而，我以为比这些外部条件更为重要的是，他始终保持着一份沉潜学术的心境和明确高远的学术志向，并锲而不舍地为之努力奋斗。近年来，玉乔教授对美国伦理学的研究日渐精进，春华秋实，相关学术成果积累也颇为深厚，不仅先后发表了一系列相关研究论文，而且日积月累，终有大成，《美国伦理思想史》便是其数年研究之集大成者。

《美国伦理思想史》作为玉乔教授研究美国伦理思想的一项重要成果，集中展示他多年来的研究水准，也在很大程度上代表了国内伦理学界在这一领域的最新研究水平。氏著较为充分而清晰地展现了美国伦理思想发展的历史脉络和宏观图景，探讨了美国历史上出现的清教伦理思想、启蒙伦理思想、超验主义伦理思想、实用主义伦理思想、唯心主义伦理思想、自然主义伦理思想、元伦理思想、应用伦理思想等诸多主要伦理思潮的递嬗流衍，揭橥了它们之间各种复杂的历史承接、思想关联和理论特点。作者既有广集前沿的一手文献作为其研究的学术基础，又有条分缕析、征证力论的理论证明和推演。难能可贵的是，该书所援引的文献资料有许多都是前沿性的最新资料，较好地满足了国内伦理学界了解当代美国前沿伦理学研究的急需。可以说，玉乔教授的这部新作为我国学术界和广大读者了解美国伦理思想和道德文化提供了一个极好的“知识之窗”和“思想导游”。

书甫成，玉乔君嘱我一序。有感于我们之间日益深厚的乡情学谊，纵使我才学不堪且忙乱无暇，也只好尽心尽力地应答君命，试述如上种种，以为广大读者点灯探路，作抛砖引玉之功。倘若这些序语能对读者阅读和参用本书有所助益，且无损于氏君大作之精言大义，则庶几不负氏君之托。是耶非耶？不知所云。

是为序，有所望焉！

2015年晚秋夜于京都西北郊悠斋

向玉乔：《美国伦理思想史》，湖南师范大学出版社2015年版。

感恩，只因为爱

人们喜欢谈论的人生主题大都集中于人生的目的和价值，这是自然而然的事情。人活着，当然需要首先弄清楚“人活着是为了什么”。可事实上，比这个问题更具体也更实在的是“人如何活着”“活着的人需要些什么”“如何面对我们的生活世界”。在日常生活中，这些问题似乎要比人生的目的问题来得更复杂、更纠结、更需要严肃思考。在理论和观念上，目的优先于手段，而在行动和实践中，手段和条件往往比目的更重要。

在我们这个小小的星球上，芸芸众生，生生火火，生情物景，环环勾连，互依互动，自然天成。大自然的神奇令人赞叹，更令人敬畏。在芸芸众生之中，达尔文的物种进化论和许许多多类似的科学理论证明，人类是最富灵性的高级生物。然而，许许多多的生命事实和历史事实证明，人类也是最为脆弱的生物之一。在我们这个星球上，生物的生命力并不完全取决于某一生物自身生命力量的强弱及其求生放生之生命意愿的强弱。恐龙的生命力不可谓不强，生存的欲望不可谓不劲，却只能早早地作为化石标本“活”在生物博物馆里，“活”在比它弱小何止千百倍的人类的生命记忆中！坚强且智慧与脆弱且敏感奇妙地聚于人一身。

人类绵延不绝的生息繁衍的确是个奇迹。如果这奇迹不能归功于上帝的创造——上帝创造亚当和夏娃以及亚当和夏娃的造爱神话多么美丽动人——或者其他神灵的创造，那一定归功于人类自身某种或者某些独特的生活品质！细腻而缠绵的情感、敏锐而复杂的心理、无限生长的欲望和意志以及高超的理性和智慧，让人类自诩为“情感的动物”“理性的动物”“道德和文化的动物”“政治的动物”“语言符号的动物”，如此等等。可尽管如此，人类并不因此而比其他动物更坚强。人的生命脆弱性似乎从一开始就已然注定：人猿揖别之始，开始直立行走，双手的解放同时意味着双脚的重负，人类艰难的生命之步由此迈出，沉重却又豪迈。因为脆弱，人类选择了以社会的方式求生求发展；因为有了社会，作为“依赖性的理性动物”(麦金泰尔语)，人类个体得以解除生存的孤独，获得了相互依存、相互支撑的人际力量；进而，也因为这种人际的相互性，人类不得不面对“他人”，不得不用心关注和料理“他人问题”。人类因此明白，每一个人都生活在一个自然的世界，也是一个社会的生活世界，一个人与人相与共存的世界。

生命的血缘和亲缘，使人有了亲情和人伦，也使人意识到自我生命的有限和无限：有限是个体生命的自然宿命，无限则是人类生命的“存在之链”和精神不朽。前者让我们每一个人意识到，在伟大的生命世界和“存在之链”面前，个体自我的生命和力量是如此渺小、如此脆弱、如此短促、如此无助、如此无能；后者又使我们对自己的同胞和同类，乃至我们生活于其间的群体、社会、广袤无垠的世界充满共生永续的生命期待、伦理情感、审美体验和对于永恒与不朽的精神信念。面对逝者，生命的期待随着人类悲欢离合的泪水涌出，在婴儿嘹亮的啼哭声中传递；面对亲人和同胞，伦理在悲他人之所悲、乐他人之所乐的同情和共感中凝结，在爱中升华，在恨中毁灭。然而，即便是毁灭，也不会像无情的冷漠那样令人无动于衷，因为除了因误解和狭隘所滋生的仇恨，恨也可能是缘于后悔而成为自我的悔恨，抑或是由于相互期待的落空而生的相互怨恨。法国生命哲学家居友说，每一个有着健康生命的人，都有多于自己的痛苦所需要的眼泪，也都有多于自己的快乐所需要的微笑。我们可以不信，但却无法否认。

然而，如果仅仅凭借人类的血缘和亲缘，我们对生命的期待并不远大，也不牢靠。因为，在万物竞进的生命世界，没有人可以担保血缘的永续和亲缘的无限。如果说，在生命的世界里，孤独的生命个体只能是汪洋大海中的一只小船，那么，系于血脉亲缘的亲爱最多也只能是风劲云重的天空中一叶飘扬的风筝，永生的理想可随之飘升，却无法寄予坚定而永恒的期望。因此，人类的智慧赋予人以伟大的创生之力——我们缔结家庭、社群、社会、民族、国家，以此构筑我们伟大的生命共同体；我们寻求不同社群、不同社会、不同民族、不同国家之间的相互性和依存感，以求我们生命活力的强大；甚至经过漫长而曲折的人类文明真谛的探索，我们又开始重新认识我们生活于其间的大千世界，寻求不同物种、不同生命形态之间的相互依存和生命感通。于是，我们的爱不仅由自爱而进至亲爱，继之由亲爱而扩展为仁爱和大爱。这伟大的爱源于母亲的乳汁却能汇成滔滔江海，它如同人的生命却又创造着无数生命的奇迹！大爱无边，大爱无底！它让啼哭的婴儿发出带着乳汁温馨的咯咯笑声，让争斗、仇恨和战争在鲜艳夺目的红十字符号前停止，让陌生人之间握手问候，让流浪者感受家的温暖，让沙漠获得雨露，让小草得到滋润，让濒临绝望的生命物种获得救助，重新点燃生命的熠火之光！万类霜天竞自由，只缘共生此界中。

我们当然不会幼稚地想象，我们的生活世界已然纯净到只有爱而没有恨，只有同情而没有冷漠，只有依存而没有竞争、争斗与怨恨。这不单单是因为人有欲望和理性，而且也因为我们亲眼目睹无数次仇杀、战争，还有道德冷漠。在纳粹向犹太民族举起屠刀的时刻，我们看到的只有仇恨没有人类之爱；在此起彼伏的硝烟炮火中，我们看到的仍然只是仇恨没有人类之爱；在“5·12”汶川大地震“范跑跑”出自求生本能的逃跑中，尤其是从他为自己的逃跑所做的自我申辩中，我们看到的只是道德冷漠，没有哪怕是起码的亲情之爱。是的，人们可以用各种自以为是的“充足理由”为自己的自私行为开脱辩护，比如，因为自己民族的生命高贵和生存权利，因为自己坚定不移的政治信仰，或者因为自身生命的唯一性和头等重要性，等等。然而，在所有这些理由中唯独不见爱的踪影，因为人类的爱总是无私的。我们当然不必把爱当成人类行动的唯一理由，爱的理由或许也并不足够强大，但我们同样也不能因此用任何现实主义合理性的辩护理由来否认人类的爱："范跑跑"的母亲在给儿时的他喂奶时，唯一的理由只是因为她是他的母亲，可成人的"范跑跑"在发生地震灾难的危急时刻选择不顾母亲的"充足理由"却是自己的生命高于一切？在母爱与自爱之间，或者更确切地说，在爱与无爱之间，差别如此赫然！本能为所有生物和动物所共有，唯有爱才是专属于人类的道德品质。因此，爱也成为我们区分人类与非人类的一把铁尺。

因为爱人，使爱人者变得高尚；因为被爱，理应让被爱者充满感激。早在17世纪，美国新英格兰地区的"新来者"(the new comers)发明了一个具有伟大意义的节日："感恩节"(Thanksgiving)。感恩，是因为被给予。或者说，被给予是感恩的原因，而感恩则是被给予的结果。于是，现代经济学家们会很自然地推出：爱实际上也是一种相互交换，即使这种相互交换并不一定是等价的。按照这种逻辑推理，母亲的乳汁不过是儿女赡养的一种预付，而"以眼还眼，以牙还牙"也可以归于爱的范畴。然而不会有太多的人相信，这种基于"算计理性"或"经济理性"的逻辑推理就是人类情感的逻辑，人们甚至会说，人类的爱的情感根本与逻辑和逻辑推理无关！印第安人在给那些冰冻中陷入饥寒交迫生命垂危的新英格兰人送去火鸡和其他食品，并教会他们种植技艺的时候，没有任何契约，也不会考虑什么回报和交换，他们给予的唯一理由大概只是为了拯救同类的生命。如果说，新英格兰人发明感恩节并在获得给予的几百年后，决定给予印第安人以某种特殊的社会福利或特权，可以算作一种对给予的回报和感恩，那印第安人的预付期也未免太过漫长、太不合理了。很显然，享受回报和感恩的已经是他们死后多年的后裔，而非他们自己。而且，新英格兰人回报和感激他们的大部分理由还在于，后者实施的工业化和现代化，让那些被视为“土居民”或“原居民”的印第安人付出了太大也太过沉重的生活代价，比如，他们因此而失去了土地，失去了家园，甚至失去了生命。

17 世纪的荷兰哲人斯宾诺莎在其名著《伦理学》中写道：“感谢或感激是对爱的欲求或热望，借着它，我们努力有益于那从一种相似的爱的情感中受益的它。”感恩的确源于感恩者得到了捐助者和帮扶者的无私给予。患难之际，这种给予的价值是无法算计、无比珍贵的，无论是冬天里的一把火、一枝干柴，还是饥饿时的一碗稀饭、一片面包，抑或是痛苦和绝望中听到的一句安慰、一声问候，所给予饥寒交迫者的不仅仅是温饱，还有心灵的温暖和生活的勇气与希望。因此，这给予才应该得到永远的感激，才值得恩情与爱意的回报。无私的给予没有任何附加的条件，它绝不以谋求回报和感激为前提，否则，给予就变成了有前提条件的赐予和预付。同样，真诚的感恩一定是发自良心的感动，它绝不附带任何矫情和私心，否则，感恩就会变得不近人情，变得虚伪而浅薄。唐山的农民兄弟自发地组织起来，千里迢迢赶赴湖南冰灾现场和汶川地震灾区的行动，赋予了感恩深刻而久远的情感意义。年幼的被救男孩忍着左手的伤痛微笑着向救出他的军人们举起右手敬致少先队礼时，本真而令人感动地界定了什么是感恩。那些幸存的小学生们向奔赴救灾现场的人们自发地高举“谢谢!”的标语时，生动而确切地诠释了感恩的朴实意味……所有这一切都根源于爱，表达着人类生命共同体的力量和希望!

几乎无须任何解释和教诲，行动本身就能让我们真切地感受和明白什么是爱，什么是爱的感动，什么是基于爱且表达着爱的感恩！天塌地陷的瞬间，母亲毫不犹豫地用瘦弱的身躯为婴儿支撑起生的天空，她有足够的信心用手机短信留下她人生最后的留言：“孩子，请记住妈妈永远爱你!”因为她所期待的不再是感恩，而是爱的热望；千钧一发之际，老师义无反顾地用护送学生求知之帆的摇橹的手，为面临灭顶之灾的弟子们挡住死亡的惊涛骇浪，他有充分的理由为自己之为人师的职业而感到骄傲，因为他留给自己学生的不只是关于爱的知识，还有更深刻的爱的行动。

哪里有灾难，他们就在哪里现身甚至献身，他们是中国军人。作为中国军人，他们还有着一种独特的身份：人民子弟兵。这独特身份的全部来由仅仅是：他们来自人民，服务人民，为人民的利益而英勇战斗，直至牺牲。这身份的独特性在于，它不仅仅具有国家政治的含义，如同世界上绝大多数的国家军人那样，而且更重要的还有着人民政治伦理的含义：他们同人民血肉相连，休戚与共，生死相依。因此，人民的灾难有如天命的召唤，他们不顾一切。参谋长告诉他的士兵，无论多么艰险，都必须尽快赶到汶川，抢救陷入死亡深渊的汶川人民，即使牺牲在赶往汶川的途中，不屈的头也要朝向汶川！因此，他们的英勇和牺牲不仅被民族和国家授予最高的政治荣誉，还被人民——无论是家乡的人民还是异乡的人民，也无论是民族和国家的人民还是世界的人民——赋予最高的道德荣耀！面对那些率先跳入洪水急流的人民子弟兵们，面对立下遗嘱超高空跳伞救灾的中国航空兵们，尤其是面对那些已然牺牲在救灾战场的英雄军人们，面对那些在夜以继日地救灾救民的战斗中已然累得精疲力竭的中国军人们，天高地厚！情义无价！我们如何感激？如何感恩？“英雄儿女”这似乎是中国人民给予他们唯一的肯定，也是这个世界至高无上的军人嘉奖！你甚至仍然可以挑剔地指正说，视军人为儿女多少残留着传统儒家伦理的遗迹。可我想告诉你，当人民在生死攸关的紧急关头把他们生存的希望毫无保留地寄托在自己的子弟兵时，还有什么比这种血脉相通的军民伦理更值得信赖也更为圣洁呢？“人民军队”是当代中国军人的最值得自豪和荣耀的姓名，这一姓名的原始宗姓是“人”，而它的伦理取字则为“民”。如果我们一定要表达对“人民军队”的感激，唯一可以启用的语言也许只有："致敬，英雄的人民的儿女们！"而我们得到的回应一定是："感谢人民！"

在这里，我们分明听到了绵延不绝的感恩的回音和呼应！人与人、群体与群体相互间的感恩在持续地相互呼应着，如同群山竹林间经久流淌着的春之溪流。这溪流唤醒了冬眠的花草，滋润着茁壮生长的树木森林，甚至抚摸着枯藤与落叶，带着所有山的生灵和所有生灵的梦想，顽强地奔向遥远的大海。在这不断的给予中，春溪也尽情地浸润着花草的清香、树木的林荫、竹叶的舞影，承托着一切生灵的生之欢笑和死之哭泣，以及汇入大海时欢乐的呼啸。于是，青山得以永驻，绿水得以长流，感恩得以不绝，大爱得以无限！

爱，既彰显人的伟大，也因为人的渺小。我们每一个人都需要爱和被爱，因为每一个人都难以孤独地面对世界，也无法单独料理好自己的生活。因此，每一个人都需要他人的帮助。独立自主的确是个体人格的尊严所系，然而，人格独立更多是一种政治承诺，洁身自好也只能是一种个人的道德理想。马克思说，现实的人是社会的人。社会契约论者说，人之所以缔结社会和国家，是因为只有社会和国家才能使人减少和免于单独生存所不得不面对的风险，才能使人在社会分工和社会合作中各取所长并因之而创造出更多的财富。安宁与福宁是人类选择以社会的方式生活和发展的两个基本目的。人类缔结社会的契约并不是简单的市场契约，即使是市场契约也不仅仅只是博弈，共存共生、合作互助也是人类相互交际的应有本义。况且，我们自身的生活经验和生活世界不断地提示我们，感恩和仁爱是每一个人所必需的人生资源。我们的生活需要食物和住所，也需要感情的温暖和心灵的慰藉，一如山间的小草需要雨水和阳光。爱是冬天里的阳光，感恩是沙漠中的雨水。冬天里的阳光不要求冬天取暖的人们提供任何回报，只希望他们感受温暖，沙漠中的雨水也许没有绿色的希望。可这并不能阻止它遥远的绿色期待。明乎于此。我们便不只是静静地等待，而是积极地行动，去关爱他人，关爱你所属的社会，在获得感激的同时，用充满爱心的行动表达我们的感恩。

睡在摇篮里的婴儿说："爱是妈妈的怀抱，妈妈的怀抱是生命的摇篮。"

妈妈说："孩子，感恩才是轻摇着生命摇篮的手，有了轻摇着生命摇篮的手，宝贝的睡梦才会更安稳、更悠长。妈妈只是为了让你睡得安宁，梦得甜蜜，才乐意每天为你唱着春天的歌，让你伴着月亮、星星和夜莺，一起入眠，一起入梦。可妈妈不能同时给你摇着生命摇篮的手，那得靠你自己的造化。"

长大的孩子说："母亲，我明白：爱，不是为了感恩！感恩，却只因为爱！"

写于汶川地震灾难尚未过去的静夜。

北京郊区悠斋

原文刊于《文景》杂志，2008 年第 7—8 合期。

我与你

——《寻求普世伦理》再版跋

寻求普世伦理不是寻找某种“唯一”或绝对的“道德真理”，而是寻求多元之间的共同分享，这就需要每一种道德文化（传统）都要保持平等的开放姿态，并展开平等的对话交流，以求得相互理解和沟通。有理解才能有沟通，有沟通才能有所分享。在这里，多元文化之间的平等是首要的基本前提，任何文化自我的优越感或者文化歧视都必须抛弃，否则一切无从谈起。

《寻求普世伦理》一书由商务印书馆于2001年初版后，距今已有八个年头了。由于这本书的写作和出版都有些许特殊之处。所以自问世以来，我一直没有太在意其行销和反应情况。书甫出，曾有《中国图书商报》等报刊给予专访和评论，引起了一些反应。近些年，友人和学生多次提示我考虑再版或者重印。据说市面上已经脱销多时，可我这些年来的奔波忙碌让我根本无暇顾及此事。最近，母校北京大学出版社决定出版我的“学术系列”，让我选择编辑几部有个人学术代表性的著述集结出版，一来献益于该出版社正在致力的当代中国学术积累的宏大筹划，二来也对我个人的学术做一个阶段性的梳理和小结。此举于公于私确实都是一项有意义的学术善举，我在自感殊荣的同时，自然只有努力配合呼应才是。

在这部近40万字的著作中，其实我只是尝试着做了三件事：一是面对20世纪末由西方学界和宗教界发起，继而在联合国教科文组织哲学部的“普世伦理谋划”(“Universal Ethics Project”)引领下扩张成为一次全球伦理运动的蔚然大势，以一位普通中国伦理学学人的理论姿态对之做出恰当的学术反应，尽管我的这种反应最初并不是出自学术自愿而做出的，毋宁说是在某些外部机缘的促动下，通过逐渐形成的学术自觉而勉力做出的。这一点，我已经在初版的“后记”中详细交代过了，在此不再赘述。二是对于普世伦理这样一个极具理论挑战性和实践疑难的课题，我想通过学习和理解海内外学界在此课题上业已做出的诸多研究成果，从方法论的角度谈谈我个人的一些初步看法。这些看法仅仅是我个人的，即使就当代国内伦理学界论，它们也很难获得哪怕是最基本的代表意义。事实上，由于我采取了普遍理性主义的道德推理方法和特殊主义的文化阐释学方法相互兼顾的“双轨”式或两面式的探究方法，已经引起了学界的诸多猜忌、疑虑，甚至批评，因而其理论贡献也因学术立场上的“中庸”色彩而显得十分有限。对此，我颇有自知，未敢奢求于自我学术尝试之外。三是就普世伦理的一些基本理念或原则提出了我自己的初步理解和论证。尽管我力图坚持自己的“两面针”式的理论诊断和学理阐释，但实际情况却并不一定很理想：既要立足于“普世伦理的中国语境”(唐君文明博士重版序言语)，又要顾及普世伦理本身的普遍主义价值吁求，其实是一件极为困难的事情，尤其是对于既缺乏理论勇气又缺乏学理智慧之愚钝怯懦如我者来说，仅仅是突破自我就已经十分艰难了，遑论有什么理论建树。我必须坦率地承认，迄今为止，我仍然深陷所谓普遍主义与特殊主义的进退两难之间而无法自拔，相信这也是多数严肃思考过“普世伦理”的学者难以避免的困境。实话说，超脱这一困境并不容易，甚至极少可能，除非采取某种极端化的理论立场和方法，可我的思想性格和学理方式又使我向来怯于采取这类无所不用其极的方式。自暴尴尬，正是我愿意重刊此书的一个主要动机：若能以此作为爝火，引燃学界的满天繁星，毕竟也还算得上是一件值得宽慰的学术工作。

在我的心底，“寻求普世伦理”的完整表达其实不是一个祈使句，而是一个或者几个疑问句：何处寻求普世伦理？如何寻求普世伦理？寻求怎样的(或者哪一种——若果真存在，普世伦理在逻辑上必定是唯一的而非多种多样的，否则其普世性就无以确立)普世伦理？如此等等。迄今为止，我自己对于这些疑问仍然没有找到非常明确的解答。在此意义上，我所谓“寻求普世伦理”的确是我内心意愿的真实表达：有所寻求总还意味着某种希望，抱着希望去寻求某些具有普世意义的道德伦理，也总是一件有意义的或者值得去做的事情，甚或是一项不平凡的事业。

在我们这个星球上，人们似乎比过去任何时候都更加清醒地意识到了一个显而易见的事实：寻求共识（包括某些道德伦理和一般价值观念上的共识）与执着差别的冲动同样强劲。人们很容易找到不仅非常典型而且相当普遍的例证，来证实这两种同样强劲的势头，甚至可以说，这两种势头之所以日见强劲，恰恰是因为它们都在不断寻找某种或某些极端化的证明。人们对个性差别的执着越强，寻求共识的需求便越高；反之，后者的不断攀升恰恰是因为前者的势头越来越强。再仔细观察，我们还会发现，经济和技术上的共识追求最为凸显强劲，似乎让我们不得不相信所谓“经济全球化”的时代确实已经来临。然而与之相对，政治和文化（尤其是宗教文化）上的差别或个性申辩却表现得前所未有的强烈和鲜明，这又让人们对所谓“全球化”，甚至仅仅是所谓“经济全球化”的说法持有越来越深的疑虑。当然，也有一些例外的情形值得注意，比如，体育、艺术、音乐、休闲、旅游等物质行为类的文化——与精神信念类的文化相比较——活动，更接近经济和技术的共识相容之发展趋势。北京奥运会证明了这一点：无论是张艺谋导演的那震惊世界的奥运会开幕式及其所着力表现的主题，还是最初起名为《我们都是一家人》最终却改名为《我和你》的奥运会主题歌，都明白无误地向全世界人民传达了“和”的信息。“和”即和平、共和，至少是和平地相容、共处。

话说到此，我想顺便再多唠叨几句：北京奥运会的主题歌确实很高明，也很有智慧，套用春节联欢晚会上宋丹丹的一句名言，主题歌的创作者们确实“太有才了”。我不谙音乐旋律，只是就其歌词的意义而论，真的是太富有哲学洞见和文化内涵了。《我和你》的歌名显然大大好过《我们都是一家人》：后者有些过于伦理理想主义和道德温情主义了，但前者则不然，“我和你”是人类最简明、最基本却又最奥妙无穷的人际关系，所有人类的关系和关系表现样式——爱与恨、熟悉与陌生、友谊与冷漠、和平与战争……最终都可以归于“我和你”的关系及其认知、理解和行为的方式。著名犹太思想家马丁·布伯(Martin Buber，1878—1965)写过一部传世之作，书名就叫《我与你》(1923 年)。在那本书中，布伯甚至认为，人类伦理的全部奥秘几乎都蕴藏在“我与你”的关系之中，因而本真地认知并正当地料理好这一关系，实在是我们每一个人类最为紧要和长久的道德功夫。我猜想，北京奥运会主题歌的创作者不一定读过布伯的这本书，但他和布伯却不约而同地想到一块儿去了。而且，我甚至还(或许有些幼稚地)猜想，如果我们每一个人都真诚地思考一下“我们”的生活世界或者是生活世界中的“我们”，也会或多或少的分享布伯和北京奥运会主题歌的创作者们的见解和体悟，他们都属于我们人类中特别“有才”的智者。唯英雄方可所见略同。

在一个人与人的世界上，还有什么事情能比了解和料理“我与你”的关系来得更直接、更纯真、更重要、更根本呢？我想不出来。让我由衷钦佩的是，歌词的创作者们对于这种纯真关系的艺术体悟甚至远远超过作为哲学家和伦理学家的马丁·布伯！歌词首句的英文翻译是“You and me，from one world”，将汉语中的“我与你”转换为英文中的“你与我”，而且把后者的“我”由主格（I）变为宾格（me），不仅含蓄而深刻地诠释了孔子《论语》一书的开篇辞“有朋自远方来，不亦乐乎”，而且也恰当而充分地表达了作为奥运会东道主的中国人民以客（人）为主（人）的真挚友情和美好心愿。很长时间里，作为伦理学学者的我，曾经一直抱怨中国的现代伦理学遗忘了儒家的“朋友”伦理，缺乏对友谊这一高尚伦理的足够珍视。直到许多年前，听到毛阿敏演唱的那首委婉悠长的有关朋友的歌——实在对不起，我竟然一时记不起这首歌的确切名字了。但我却清楚地记得其中的一句诗一般的歌词：“你从哪里来，我的朋友！好像一只蝴蝶飞进我的窗口……”那时刻我感觉中国人对朋友和友谊的珍重感似乎开始回归了。

于是，当来自英国的天后歌手布莱曼和来自东道主中国的天王歌手刘欢一起演唱这首“我和你”或“You and Me”时，一股久违的暖流顿时涌上心头，让我热泪盈眶，心情久久不能平静。我想问，朋友，当你听到这天籁之音时，你难道没有“天涯若比邻”“天涯共此时”的感悟和感动吗，这委婉似林间轻风、舒缓如山涧小溪、空灵悠远胜似天籁的歌声，难道不比那些怒吼嘶鸣的“雄壮”之声更接近天下和平共处的奥林匹克主题吗？

是啊！多少年来，一些人——也许是太多的人——因为眼见的奥运竞技结果而只记住了“更高、更快、更强”的奥林匹克口号，却不幸地遗忘了古希腊人和全世界人民寄托在奥运会背后那更深刻的寓意：古希腊人每每在举行奥林匹克运动会前，都会庄严地举行点火仪式，他们头戴橄榄枝，点燃圣火，放飞白鸽，然后将点燃了的奥运圣火传向四面八方！这是多么崇高美好的奥运理想！感谢北京奥运会开幕式的编导者和表演者！感谢北京奥运会主题歌曲的创作者和演唱者，他们在正确的场合、正确的时间，基于正确的理解，做出了正确因此也是伟大的事情！这在现代中国艺术发展过程中并不多见，但这一次确确实实让国人乃至世人真切的见识了一回。

回到上文，人们会自然而然地提出这样的疑问：在此“经济全球化”与“文化多元论”两种趋势同样强劲的紧张中，我们该到何处寻求普世伦理，又如何寻求普世伦理，若果真能够找到这样或者那样的普世伦理，那又究竟是一种怎样的普世伦理，所有的质疑都可以由此产生。对此，我自己也写过一些文章，既对所谓“经济全球化”（更不用说所谓“全球化”了）表示过很深的疑虑，比如，我在给英国经济学家阿兰·格鲁曼《全球化的终结》（生活·读书·新知三联书店 2001 年版）一书的中文版（与其英文版同时出版）所写的序言中，就表达过这种疑虑；同时，我又对某些文化基要主义（文化原教旨主义）表达过同样的担忧，尽管我倾向于一种文化多元主义的道德价值立场。也正是这样一种矛盾心态，促使我采取了普遍理性主义与文化特殊主义的双重立场。或者更确切地说，我采取的是一种文化语境(语脉)论的普遍理性主义学术立场，即主张纵然是对普遍道德共识的理性主义寻求，也需要基于具体的文化语境或语脉，因此最终也只能是一种语境中的普遍理性主义。这样一种语境中的普遍理性主义确实存在矛盾和紧张，甚至不再是一种西方“启蒙时代”的或康德—罗尔斯式的普遍理性主义，而毋宁说更接近一种文化对话或文化商谈式的道德共识理论，它唯一可以被称作“普遍理性主义”的理由或依据仅仅是，即便在文化多元的语境中，对话的目的仍然是寻求某种或某些道德伦理的原则性共识。人类不仅应该而且必须寻找这样的道德伦理共识，否则，对于生活在同一个地球上的全体人类来说，就无法避免无穷无尽的冲突，甚至战争。和平共处绝不只是政治家和外交家们的政治策略和外交说辞，而是人类自身生存和共处的必要约束，在人类生存和发展的终极意义上，也是一种“普世伦理”的绝对律令！

我很清楚，这样的论断显然很难为一些文化多元论者(更不用说那些文化基要主义者)所接受，西方式的普遍理性主义者们同样也不会接受。对于后者，我只想重申自己在这本书中的一些论辩；对于前者，我想提供一些新的论证。

首先，我要重申一下我在本书中已经提出和辩护过的论辩：第一，我相信，生活在多种类型的文明和文化传统中的人们仍然存在着某些道德共识。无论是一些基本的道德直觉还是一些基本的道德文化观念，例如，人们经常讨论的那些道德的“黄金规则”，像“不偷盗”“不奸淫”“不无故伤人”等，这些基本的道德规则形成了人类千百年来维持道德生活和伦理秩序的基本规范，也使得人类世界有了达成某种普世伦理的可能性基础。这当然是基于共同的人性事实和相同的道德经验所做出的判断，因而也为我们探寻普世伦理提供了最基本的理论依据和事实证明。然而，这些道德共识仅仅是一般观念上的，甚至只是“道德直觉”层面上的，并不意味着生活在不同类型的文明和文化传统中的人们对这些观念性的道德共识的理解和实践必然相同。恰恰相反，人们的理解和实践可能会因为他们各自所接受的道德文化传统的滋养熏陶各不相同，他们的道德生活经验也各不相同，更为重要的是，他们道德实践的社会生活条件和道德伦理环境各不相同，因此最终使得他们对这些道德共识的观念理解和实践价值取向也不尽相同，甚至相互冲突。在此意义上说，任何道德共识或普世伦理的理性主义推理证明，都必须落脚于各种不同的社会文明语境和道德文化传统语境，否则，所谓道德共识或普世伦理就只能是一种抽象观念，也只能停留在抽象观念的层面而无以实施。

其次，基于上述理解我确信，所谓普世伦理的确如许多当代学者所言，只可能是一种“薄的”(thin)有限伦理，很难像文化传统内部的道德伦理体系那样成为一种

“厚的”(thick)完备性伦理。但是，即使是一种“薄的”有限伦理，也是值得人类努力追求的道德文明和伦理理想，而且也需要给予它多种丰富的“厚的”道德传统文化的支持和维护。这不仅是一种道德文化的姿态，更是一种道德立场：以各自偏好的方式生活在同一个世界是所有人类不得不担待的事实。地球及其资源不可垄断，必须分享，因此所有人类都不得不学会“相与”“相处”之道。从积极的意义上说，学会“相与”“相处”之道也应该成为全人类的道德共识。既然如此，我们也就需要找到并且切实维护能够“相与”和“相处”的基本规则，包括国际法规则和普世伦理的基本规范。问题在于，我们都有各自不同的文化归属、文化传统和文化认同，对一些基本的普世伦理规范有着不尽一致的理解。这就需要我们即使从各自不同的文化道德立场出发，也要学会文化宽容，也就是不同文化的相互理解、对话和妥协，甚至从各自的文化传统中寻找一些能够支撑和支持道德共识或普世伦理的有效资源，非如此不足以保持人类基本的道德共识或普世伦理的理论合法性和实践正当性。正是在这个意义上，我才会把如何看待和对待人类普世伦理的问题，看作一个道德立场而非纯粹的道德姿态问题。

不过，我们切莫因此认为，为了维护这样一种道德立场，就可以期待人们放弃他们的特殊道德文化立场，而仅仅是说，当这一普世伦理的立场同人们各自的特殊道德文化立场发生冲突时，既不能过度地申认自我的特殊道德文化立场而排斥甚至否认普世伦理，也不能因为后者而放弃前者。在此，道德文化的差异性和多样性应该被看作一种正常的人类文化生态和精神自由样式。道德共识和普世伦理也应该被看作一种有益的“相与”“相处”资源。北京奥运会有一句口号，叫作“同一个世界，同一个梦想”(One world, one dream)，我们或许还可以加上一句，叫作“同一个世界，许多个梦想”(One World, many dreams)，前者可以看作人类普世伦理情怀的理想表达，后者则可以看作人类道德生活现实的现实主义描述。人类既不可没有梦想，也不可不顾现实。这原本就是每个人都必须学会面对的生活实际，无论你将之称作价值两难还是称作客观存在的道德张力。人类不能因为这种不能承受之重而简单地采取一种“二者择一”式的方式来对待，这当然比较轻松，但却很难卸脱。

最后，再来谈谈文化多元论者的担忧和质疑。我不敢奢望——事实上也没有信心和能力——说服一些比较偏执的文化多元论者，当然也就更不用说那些文化基要主义者了，让他们轻松愉快地接受哪怕是某种“薄的”、有限的普世伦理，这同他们——在某种情形下甚至也包括我自己——的文化信念和道德观念明显格格不入。但是，我想对拙著中有关“薄的”低限度的或有限的普世伦理的论证，提供一些补充解释和论证，希望借此推进有关文化多元论，进而也是有关普世伦理的讨论。

首先，我们知道，“文化多元论”是在一种开放的全球语境中提出的，也只有在这一语境中才有意义。也就是说，只有当我们把视野扩展到全球文化视阈时，文化的多元性才会呈现。文化多元不仅是一种全球文化的实在，而且也内含人们对多种不同文化共存的承认，人们把这叫作“文化的承认”。问题在于，在国际交往中，“文化的承认”常常会演化为“承认的政治”与普遍民主政治之间的争论，一些文化多元论者也因为各种文化的特殊性和它们之间的互不相容特征做出了这样的判断，即各种文化的特殊性和不相容性是永远不可消除、不可沟通的，这才是多元文化之所以多“元”而不可一“元”化的根本缘由之所在。在此，似乎存在着一个难以逾越的逻辑悖论，若承认人类文化的多“元”，则多“元”文化之间的不可通约性就是必然的结论；反过来，若多“元”文化之间可以通约，则所谓文化的多“元”就不存在，或者至少是可以消解的。倘若前一种推论成立，则普世伦理——无论是“薄的”还是“厚的”普世伦理——就不可能，任何相关的讨论也是没有意义的。倘若后一种推论成立，势必会带来一系列难以解释的难题，例如，如何解释实际存在的多种文化之间的差异性和异质性，各种不同文化(传统)之间的通约标准又是什么。易言之，多种文化之间的一“元”化标准是什么？由谁或由哪一种文化来制定这种一“元”化的标准？又有哪一种文化能够担当作为多种文化之间的公度之参照标准？凡此种种，都是难以判断和确定的。

然而，如果我们换一个角度来考虑，上述悖论就可以得到化解。这里的关键不是去苛求某个“一”，而毋宁说是寻求多元之间的共享。换句话说，普世伦理并不必定归宗于“一”，相反，任何试图将普世伦理定于“一”尊的做法都将是徒劳的，也是无望的。从“多元”的视角出发来考虑普世伦理，其实并不是为了消除“多”，或者是简单地消解多元之间的差异和异质，相反，基于这一视角的探究路径是以承认并维护人类文化的多样性和差异性的生存与发展权利为事实前提的。但与此同时，普世伦理的探究并未就此止步，而是在尊重差异多元的前提下，进一步寻求多元之间可能分享的那些相同或相似的道德观念或伦理规则，我们将之简称为多元文化之间的道德共识(moral consensus)。在这一点上，罗尔斯关于公共理性的求证方式是可资借鉴的。罗尔斯确信，文化多元论不仅是民主社会的客观事实，而且也是民主社会所鼓励和促生的一种必然结果。因为，一个真正的民主社会不仅应该给予各种不同的文化和文化价值观念以自由生长的空间，而且由于其鼓励平等和自由的社会文化氛围，还必定会促进和激励多种多样的文化和文化价值观念的自由发展。在此情形下，公共理性或民主社会的“重叠共识”(overlapping consensus)就只能通过耐心谨慎的民主协商和反复协调，在多种不同的“完备性”道德学说、哲学学说和宗教学说之间寻求它们相互重叠的共享部分，从而为整个社会的基本政治共识提供可以沟通的理性基础。同样的推理和论证似乎可以用来解释和论证如何在文化多元论的前提下寻求普世伦理：基于多元文化之间可能的“重叠共识”而非诉求于某一种文化价值标准，来探寻和建构一种表达人类基本道德共识的普世伦理。“重叠”以承认和包容“多元”为前提，也是对这一前提的尊重；“共识”则是“多元”道德文化对相互理解、相互宽容，最终达成相互共享的目标所寻求的结果。这样一种理论前提或理论立场，决定了任何普世伦理的探寻和建构都只可能是基本层面的、“薄的”有限理论，而不可能是某种一律化的、“厚的”（某种形式的）无限伦理。由此，我们也可以看出，在现代国际社会的政治、经济和文化秩序中，讨论和探求普世伦理绝对不可能是对中世纪西方基督教“普世主义”宗教话语的重复，也绝对不可能是某些西方自由主义思想家所想象的新自由主义伦理。换句话说，今天的普世伦理探讨和建构没有也不可能给任何一种“主义”或者文化意识形态以任何文化价值特权，任何摄取或者把握普世话语霸权的企图也都没有成功的希望。借用自由主义的话语来说，我们必须把自由和平等贯彻到人类多元文化之间的沟通和对话之中，把宽容、理解、沟通、分享看作多元道德文化共生共荣的基本方式。需要提醒当代自由主义的是，这一解释是多数当代自由主义思想家所认可的，因而也应看作对他们自身的一种思想约束。

寻求普世伦理不是寻找某种“唯一”或绝对的“道德真理”，而是寻求多元之间的共同分享，这就需要每一种道德文化（传统）都要保持平等的开放姿态，并展开平等的对话交流，以求得相互理解和沟通。有理解才能有沟通，有沟通才能有分享。在这里，多元文化之间的平等是首要的基本前提，任何文化自我的优越感或者文化歧视都必须抛弃，否则，一切无从谈起。文化的开放既类似于经济和政治的开放，又不同于后者。所类似者是指平等合作和文化共赢，有所不同的是文化的开放比经济的开放更为复杂，也更为深刻，它意味着某一开放的道德文化系统不仅需要保持对异域文化或“文化他者”的平等友善姿态，而且还必须随时准备接受来自域外文化或“文化他者”的观念挑战，也就是来自文化价值观念上的竞争、批评和反驳，有时甚至是非常严厉的、根本性的批评和反驳。因此，能不能承受这种文化批评，如何对待这种文化批评，或者如何恰当而有效地回应这种文化挑战，将是对文化开放程度和开放能力的严峻考验。这种情况的发生是如此平常而经常，以至于我们可以把这类道德文化传统之间的“挑战—回应”样式看作人类诸多道德文化传统之间相遇和交往的常态。需要特别指出的是，由于道德价值观念问题常常牵涉社会意识形态乃至政治意识形态问题，因此也经常与不同民族—国家之间的意识形态之争纠缠在一起，使得这类道德文化的挑战变得异常尖锐和复杂。所以，处理不同道德文化(传统)之间的相互竞争、相互批评和挑战的问题，所需要的不仅仅是文化宽容，而且还有文化能力。也就是说，恰当而有效地回应来自异域文化或“文化他者”的道德文化和价值观念批评和挑战，不仅需要有文化宽容，还需要具备足够充分的文化资源或文化力量。

按照当代著名美国伦理学家托马斯·斯坎伦教授的解释，宽容是一种“中间态度”，“此种态度处于完全接受与坚决反对之间”。因此，“宽容要求我们接受人们（的主张和行为），甚至当我们很不赞同他们的做法时也要允许他们实践”。（《宽容之难》，杨伟清、陈代东等人译，人民出版社 2008 年版，第 210 页）文化宽容意味着不同文化主体之间相互容忍对方的差异性甚至完全异质性的文化价值观念，至少不以自身的观点和立场去排斥、否认甚至强行压制对方的异见，即使有时候明知道对方的异见甚至超出或违背了人类的一些基本道德直觉性的共识。比如，诺齐克曾经给罗尔斯提出的如果有些人志愿做奴隶而不愿意争取人身自由该怎么办的问题，也要允许对方发表自己的观点，甚至容忍其道德价值选择。然而，这已经是文化宽容的极限，也就是说，文化宽容或伦理宽容并不是无界限、无原则的。文化宽容或伦理宽容的原则界限在于：当且仅当某种文化价值观念的挑战超出道德伦理和文化的界限而具有明显政治意识形态的强制意图时，该文化价值观念将是不能容忍、不能宽容的。具体到普世伦理的情形，我们可以将文化宽容的原则界限解释为：若来自某一道德文化传统的竞争和挑战不仅仅是道德文化和价值观念上的批评，而且带有一种明显的文化征服和价值殖民的文化帝国主义意图，甚至对本土道德文化传统的独立生存权利产生根本威胁，则该道德文化传统的挑战和批评就是不可宽容的。再简明一些说，不同道德文化传统之间的相互开放、相互批评、相互挑战—回应的互动，都必须以相互尊重、相互平等独立为基本前提，只有在这一前提下，文化宽容才是可能的。反之，任何文化霸权、文化殖民和文化归化的企图都是不可宽容的。在《寻求普世伦理》一书的最后，我曾提出了“文化互镜”的概念，意在倡导一种相互比照、相互学习、相互批评、相互促进的文化间交往理念，它是对文化宽容和普世伦理的一种积极预期和善意呼吁。

关于文化资源或文化能力问题，近年来越来越受到人们的关注，许多学者和政治家都将之归诸于民族和国家的“软实力”范畴。这一说法带有很强的文化自卫甚至政治自卫的意识，却也多少点明了当代世界的一个基本文化事实：同国际或区域间政治、经济竞争相伴随的，还有不同文化传统或文化价值观念系统之间的竞争。很自然，这种状况给我们讨论文化宽容和普世伦理问题造成了更加复杂的局面，至少，在当代世界的文化背景下我们无法全然超脱国际政治和国际经济的竞争来谈论所谓文化宽容和普世伦理。也正是基于这一考虑，一些国内学者对于“普世伦理”和其他一些与之类似的概念的使用都持有特别的政治警惕，甚或主张用“共同价值”“共同伦理”等看似不同实则无甚差别的概念来替代它们。

我个人很理解上述担忧，但不同意这样的简单做法。如果说“普世伦理”和与之相似的概念因近代西方基督教的“普世主义”文化战争(“十字军东征”)的历史印迹而让人们容易产生某些苦涩的历史联想，那么，“共同价值”或“共同伦理”一类的替代性概念也会因为当代西方新自由主义的价值齐一论而让人们产生新的价值同化或者文化归化的忧虑。在这里，重要的恐怕不是理论概念或学术名词的问题，而是文化理解和文化姿态问题。所谓“普世”，不过是英文“universal”一词的一种翻译而已。我之所以倾向于将之翻译为“普世”而不是“普遍”或者“普适”，只是考虑到道德伦理的“实践理性”特征，以此译法使之区别于哲学逻辑学的“普遍”所隐含的认知—逻辑推理的意味。若一定要译为“普遍”或者“普适”也并无不可，只是因此人们有可能会产生一些不必要的混淆和误解，甚至忽略了道德伦理作为“实践理性”的独特内涵。如果人们坚持认为“共同”比“普世”或“普遍”更切合表达一种人类共同的道德价值和伦理规范，也并非绝对不行，只是在我的理解中，“共同”比“普世”或“普遍”隐含着更大的齐一论危险。无论如何，一种普世伦理的寻求并非只是寻找某种或者某些确定而共同的道德伦理原则，相反，它更多也更可能只是多种差异性之间的一种价值观念分享和某种程度上的道德共识。

事实上，比这种语词辨析更根本、更重要的，是我们的文化理解和文化姿态。如果把探求的目标仅仅盯在“共同价值”上，则很可能导致对文化多元论的消极理解。相反，如果立足于健全的而非极端的文化多元论客观事实，秉持“多”中求“一”、“异”中求“同”的真诚愿望和文化对话与文化宽容的态度，即便面对多元文化的差异竞争，也完全有可能找到各种文化传统之间可以相互学习借鉴、相互分享沟通的道德文化共识。并且在我看来，这样求得的道德文化共识，极有可能远比那种直奔主题式的寻找“共同”“一致”的做法来得实在，且更值得合理预期。此外，我并不认为道德伦理乃至所有文化价值观念跟社会意识形态和国家政治毫不相关。不过，若毫无限制地夸大这种相关性，不仅会严重地妨碍我们对人类道德伦理的本真理解，而且也会严重降低社会意识形态自身的政治严肃性和社会实际作用，这一点已经为如此众多而深刻的历史经验教训所证明，以至于我们无须做更多的引证和论辩了。

记得罗尔斯先生在回答对其理论过于理想主义的批评时，曾经不无感慨地说，如果我们对人类未来的道德前景不抱任何希望，一切关于人类社会的正义自由的讨论将会变得毫无意义。我们探寻普世伦理的全部动机和动力或许也就在于此。舍此，我们的探寻和努力还能有什么其他的终极依据吗?

掷笔于2008年8月31日深夜

北京西北郊悠斋

原文刊于《文景》杂志，2008年第9期。

重建美德伦理如何可能

——序秦越存博士新著《追寻美德之路》

“美德伦理”(the ethics of virtue)这一古老的道德文明样式曾经作为人类生活最基本的价值目标和意义向度，伴随着人类走过了几千年的风雨历程，几乎可以称得上是中外传统道德文化和伦理学观念系统中最古老而经典的伦理观念图式和道德实践图式了，当然也是中外传统文化之生存和演进过程中最重要而深刻的道德文明之构成要素。本质上说，美德伦理是一种经典而完备的道德目的论。它坚持一种以人类个体之主体目的为中心的道德特殊主义价值目的论立场。同时，又坚持这种道德特殊主义价值目的论立场的文化共同体(或文化社群)的伦理语境主义理路。具体地说，美德伦理反对“现代性”的“普遍理性主义规范伦理”诉求，主张基于人格主体之“特性角色”的内在人性化美德诉求，强调个人美德实践的道德文化共同体背景或传统脉络，以及对各种差异性文化传统或道德谱系的“历史叙事”。因此，所谓美德伦理，是指生活在某一特殊道德文化共同体中的个人，在承诺并实践其独特的“特性角色”的过程中，所获得的卓越成就及其显示的优异品质。

直观地看，美德伦理显然是一种人性目的论的个体道德或价值伦理。这样一种古老的经典伦理图式与现代社会和现代人的道德生活方式存在着明显的距离，甚至对立。即使我们对哈贝马斯有关现代社会结构的“公共转型”判断仍心存疑惑，也不能不承认这样一个基本的“现代性”社会事实：现代社会已然成为一个日益公共化的开放社会，其基本结构已随着“公共生活领域”与“私人生活领域”日趋明朗的分化，以及前者的急剧扩张和后者的日趋萎缩，而变得越来越倚重普适的社会制度规范了，或者反过来说，变得越来越不以个人的行为意愿和主体选择为转移了。正是在这一背景下，政治和法律等“显型的”或“正式的”制度规范体系的地位和作用愈发凸显，诸如道德伦理和社会风俗礼仪一类的“隐型的”或“非正式的”规范约束体系的地位和作用则日益式微。就伦理学理论本身而言，现代“普遍理性主义规范伦理学”的重要性越来越超过甚至几乎要替代传统的个体美德伦理学，因此所谓美德伦理(学)研究似乎也就自然而然地被现代伦理学家们渐渐忽略，仿佛已经成为一种逐渐消失的、古老“道德叙事”的遥远回音。

在此学术情势下，研究美德伦理甚或像麦金太尔等当代美德伦理学的信奉者那样，试图去重建美德伦理(学)似乎多少显得有些“不合时宜”了。诚如秦越存博士这部《追寻美德之路》中所感叹的，传统已然消解，各种文化共同体也被结构在此情形下，我们究竟该如何重建美德伦理(学)，事实上自西方近代以来三百多年和中国自“民国时期”以降一百多年来的伦理学研究，差不多都转向了“现代性”的或“普遍理性主义”的规范伦理学理路，即以寻求某种形式的“普遍理性”——科学的或逻辑的、公共的或其他样式的——并依此建构某种形式的普遍伦理规范体系为全部的理论奋斗目标。直到 20 世纪晚期，一些为数不多的欧美伦理学家和社会思想家开始反思西方“现代性”的弊端，并通过批评地反省近代以来的“现代性”的“普遍理性主义规范伦理学”的失误或失败，才有美德伦理学的灵光重现，并逐渐成为一股足以同前者相互竞力的伦理学理论力量，尽管总体看来，后者仍然处在现代伦理学——无论是西方的还是中国的——研究的边缘地带。

当代西方美德伦理学的复兴是以“现代性”及其“道德谋划”的批判反省姿态而肇始的，实际上也正是借助于这种“现代性”的反思批判，使它获得了不断强健自身发展的外部动力。这就是说，对于当代美德伦理学来说，“现代性”及其“道德谋划”的反省批判已然成为当代美德伦理学——至少是当代西方美德伦理学——自我复兴和发展的主要借力点和支撑点。然而，任何外部的借力或外部支撑都无法满足一种理论自身重建所必需的内部资源需求，当代美德伦理学的真正复兴和持久发展还必须寻求某种内在的理论支点，开拓出自身的内在思想和理论资源。目前的一般情形是，人们——包括作为其理论对手或批评对象的现代新自由主义或“普遍理性主义规范伦理学”——都在相当程度上承认和接受当代美德伦理学对“现代性”及其“道德谋划”的批评反思，却对其自身的理论构建和内在思想资源创生的不足而普遍感到不满、遗憾，甚至怀疑。人们的顾虑在于，在现代社会和现代人基本生活方式日益公共化，因此越来越依赖于社会基本制度规范的公共调理和公共秩序的情形下，作为一种仅仅基于个人人格角色和特性品格的目的论价值伦理，美德伦理和美德伦理学如何可能实现具有普遍有效性和正当合理性的理论重建，强势如18—19世纪的英国功利主义(另译“效用主义”)伦理学，尚且因其道德目的论的过度吁求和社会普遍道义论维度的不足，而难以料理和应对现代公共化社会的伦理事务和道德疑难，更不用说美德伦理学这种仅仅拘泥于个体美德品质的狭义道德目的论伦理了！

显而易见，当代美德伦理学的根本课题不仅仅在于外向的思想批判，更在于内在的理论建构。后者不仅是当代美德伦理急需且必须面对的巨大挑战，而且，也是它能否保持足够深刻、持久、有力的外向性思想批判的充分必要条件。一种强有力的理论批判只能来自本身具有强大理论力量和丰富思想资源的理论。

明确上述背景和情形，我们也就不难了解当今美德伦理学研究的理论难度和学术价值了。坦率地说，虽然笔者可以勉强算得上是国内较早关注并努力尝试译介和研究美德伦理学的学者之一，但迄今为止的研究成果和影响实在是极为有限。因此，国内已有的和正在进行中的相关研究不仅显得弥足珍贵，而且特别值得国内伦理学学界的关注和重视。江河之所以不因溪流之小而拒绝接纳百川千溪，是因为它们懂得绝小溪则无以成江河的道理。作为一名美德伦理学的学习者和倡导者，每每看到或听闻有关学者的相关主题研究，都会产生一份“求其友声”的急切与兴奋，欲先睹为快，先读为乐，尽管我的这份求友为学的心情并不代表我自己的伦理学理论立场。所以，当我几年前读到秦越存以麦金太尔的美德伦理思想为主题的博士学位论文时，我就有一种莫名的亲切和欣慰。我依稀记得，那时候越存君正在黑龙江大学哲学学院师从丁立群教授研读道德哲学，不知道是什么原因促使她选择了这样一个直到如今也还堪称“冷门”的课题，并且还将之作为她自己申请博士的学位论文选题。在我看来，这实在需要很大的理论勇气和顽强的坚持！当然这还需要花费极大的努力才能有所成就！

受其业师丁立群教授的委托和秦越存博士本人的请求，我曾经认真地拜读过她的博士论文，也依据我有限的知识储备，在给予她一些鼓励之后，还给她提出过一些修改意见，在极短的两次交谈中，同她就其论文中的一些问题交换了看法。交谈虽不十分充分，但令人印象深刻。不久，我出国访学，回国后又一直忙忙碌碌，无暇他顾，虽然心里仍惦记着她的博士论文和她的后续研究，却终因太忙而未能顾及。回国后，我才得知秦博士在获得学位之后执教于浙江财经学院，早已晋升为副教授了，可我却一直不知道其美德伦理学研究的后续情况如何。直到前不久突然收到她的电子邮件，才知道她花费了好几年的时间，反复修改了自己的博士论文，并准备在近期正式出版。这消息当然让我感到高兴。不独为她，也为中国伦理学界的美德伦理研究！

由于我实在太忙，只能大致重读越存君修改后的《追寻美德之路》书稿。我的重读印象自然是比初读时的印象要好得多。她的思路是清晰的，以研究麦金太尔的美德伦理学为起点，着重探讨了重建现代美德伦理的理路和方法。在她看来。这种理论重建不是一种替代性的理论抉择，毋宁是一种新的综合，即通过实践哲学的进路，将哈贝马斯基于“交往理性”所建立的“商谈伦理”、罗尔斯基于“公共理性”所建立的普遍道义论(正义)规范伦理和麦金太尔基于“理想的文化共同体”或“文化社群”所欲重建的“亚里士多德主义”的美德伦理综合起来，从而实现对传统美德伦理的现代重建。尢论越存君的这一理论志向能否实现，也无论其学理论证是否已经充分证成，我想，她的这种探求本身是有意义的。越存君想必一定意识到了这样一个显见的事实：现代美德伦理学的重建，已经不再可能是某种充分完备的现代伦理学说的单独重建，因为无论是罗尔斯的正义伦理，还是哈贝马斯的商谈伦理，抑或麦金太尔的美德伦理，都不可能充分而独立地料理现代社会和现代人的全部道德生活和伦理问题，它们——或者还有其他的伦理学理论——都只能构成现代伦理的某个向度或某个方面。在此意义上，越存君的综合实践伦理学主张，确实不失为一种可能的理论选择，至少也是一种相当有思考探究意义的理论策略。当然，这种选择或者策略是否能够获得预期的效果，还需要做艰苦深入的研究工作。或许，《追寻美德之路》还只是越存君长远学术计划中的一个起点，而我以为，这已然构筑了一个相当坚实的学术研究起点。因为前所备述的那些想法，我也衷心地期待着越存君的学术未来，并真诚地祝愿她在追求美德伦理学的路上，一路凯旋，满眼金秋！

有感于我们曾经的交流和长久的互信，越存君嘱我为其新书一序。我深感学识浅陋，难以承受其厚，忙乱间断断续续地写下如上感念，以答君命于万一，愿庶几不负其所望焉！

且为序。

秦越存:《追寻美德之路》，中央编译出版社 2008 年版。原文刊于《伦理学研究》，2008 年第 4 期。

新知自成盛世，道德原本仁人

——韩东屏教授《人本伦理学》新著小序

壬辰初春，京都尚留残雪，然庭前已见一抹新绿。心绪渐开间倏接武汉学友韩东屏先生电函，欣悉其新著玉成，嘱吾序唱。次日即接其文稿快递，展卷读之，如饮老窖，醍醐灌顶，欲罢而弗能矣。其所以如此，绝非吾意属春溪而已，实乃韩兄之说足以动衷萦怀，让我不禁鼓呼，当即提笔，感慨序之。

作为同仁老友，余所欲述者有二：一为韩著之新，确乎堪称“一种新伦理学”；二因韩兄与我等一代伦理学人之学术际遇暨学术情谊。世道沧桑，学途坎坷，感慨何其绵绵！

以人本申论道德伦理，原本古典经义。孔子以仁学而言美德，仁学即人学，故成人即成仁。然则不知何故，如此确论却时遇质疑。先遭“文化大革命”，物非人非；而后又逢商业大潮汹涌浩荡，物是人非。幸至今日，朝野终契于“以人为本”之理念，物是人是，终付期许。值此时刻，韩兄重申人本道德，不独欣逢其时，而且尽可放言阔论。确乎，韩兄不仅葆有曾经的理论勇气和执着，言人之所不敢言者，而且依然慧眼独到，言人之所未曾言及。例如，人本道德原则之强证；又如，从道德之进化与退化间探寻人类道德之悲喜剧及其发生和意义。诸如此类，不胜枚举。概而言之，韩兄是书，致思甚力，运思更近乎爬罗剔抉，成思便新见迭出焉。

韩兄之勇与执在吾等一代伦理学人之中是极为突出的，早年曾参与肖雪慧教授主编的《守望良知》等新锐之作的合作，那时便有放言不羁之勇。风雨经年，痴心不改。

回首当年，润生、雪慧、东屏等学兄均不乏开荆辟莽之壮举，所言所论者当不容我说，然而其理论探索之勇气和精神却是当今伦理学新人所应努力学习的。让人殊为感叹者，莫过于他们中的一些人或已销迹江湖，或不再过问春秋几何。韩兄乃少数穷经皓首者，黄沙古道，执杖远行，不歇不弃，让人何等感佩。今其新著付梓，身为同行相知，敢不唱和鼓呼乎？职是之故，一俟奉命，吾便行书如上，以为唱序。呜呼记之。

壬辰春，京都悠斋

韩东屏:《人本伦理学》,华中科技大学出版社2012年版。

重说学统与知识谱系

一、没有说完的话

十余年前，我曾为《清华哲学研究系列》丛书撰写“总序”，题为《学统，知识谱系和思想创造》（原载《读书》杂志，2008年第8期），我谈道：“学统是由学术教育群体创造的制度化了的知识教育体系和思想创造样式。”“一所成功的大学及其所属的学术教育机构，往往都具有其独特、连贯而又持续有效的教育传统和学术传统，即我所谓之的‘学统’。”我这样说只不过是强调一个被有意或无意忽视了许久的文化教育事实：市场化和商业化的社会主流力量的驱动，使得包括文化和教育在内的一切文明生态都被大大地世俗化、工具（手段）化了。我们社会的加速转型使得文化越来越趋于产业而不是事业，教育越来越趋于寻求发达的工具而不是服务于人类自身的文明优雅之内在目的，知识几乎被当作培根所谓“杠杆”意义上的社会现代化“力量”而非人性改善的智识条件，总之，几乎所有的文化、教育和知识都被当成了巴比伦人登天的云梯。

二、大学的知识身份

社会的现代化转型带来某些人文精神和道德的迷茫甚或失落，15 世纪至 20 世纪初的许多美国西部城镇，都不难发现类似的现象，更何况我们这个社会所经历且仍在经历着的社会现代化转型。转型注定了今日之中国社会和今日之中国人不得不承受包括生态环境和文化道德等方面的额外代价和风险。

事实上，如果我们能够秉持历史的视角来看待大学的身份，就不难明白，其实大学作为一种现代教育的建制本身也是现代社会的产物，她所获得的知识与文化身份本身就说明了现代人面对现代社会所逐渐形成的文化自觉。出现于 13 世纪的意大利的波隆纳(Bologna)大学和法国的巴黎大学、英国的牛津大学被看作最早的现代型大学，它们虽然最初都是由教会作为大型集中的经院教研机构而建立起来的，但一旦她们获得独立教研的资格，其身份便从某种教会经院机构逐渐转化为相对独立自主的宗教、文化和道德知识的诠释者、传授者、教育者乃至创造者。按照西方解释学(诠释学或阐释学)最原始的本义看，任何有意义的经典诠释或解释——无论是世俗文化经典还是宗教神学经典——本身都或多或少地具有文化、知识和道德价值的新知意味。从这一意义上说，现代大学同古代书院或学院(学园)，包括公元前 6 世纪前后出现在古埃及和摩洛哥的大学，都具有作为学术共同体和“知识创新平台”(姑且借用当代语词)的独特文化身份，都具有知识—文化之传承与开新的文化功能，因而也都具备其各自独特的学统。

大学的这种文化—知识身份和学统本色，决定了大学之为大学的独特本性和使命，这就是梳理和传承文化，维护和传播经典知识，并适时创新和开拓新知，规范、表达、丰富和延伸学术传统。所以，大学便不仅始终要承担知识和文化的示范之责，而且首先要承担知识和文化的立典与垂范之责。正由于此，大学才有了她独立的知识和文化品格，大学之独立身份才得以确立并获得社会的认可。理解这一点，才会明白为什么 20 世纪 60 年代美国加州大学伯克利分校校长科尔(Clark Kerr)一提出大学为社会经济增长服务，便引起全美关于大学本性的激烈争议，也才能理解为什么前哈佛大学校长萨缪尔森不得不被迫辞职的真实原因：萨缪尔森凭借其卓越的财政管理能力，能够在短短十来年间让哈佛的财政增长数十倍，但他挤挪人文理学院的钱去搞生物工程科技开发的举措，竟然成了自己不得不辞去哈佛校长职务的主要原因。在哈佛和哈佛人看来，或者应该说在绝大多数美国人看来，萨缪尔森的做法是 20 世纪中叶大学技能主义或工具主义(skill or instrumentalism)的复活，甚至已然隐含了“学术资本主义”(academic capitalism)的危险，这背离了大学人文主义的文化知识本质。“反对驯狗术，坚持人文化”这一口号不独关乎大学之为大学的独立身份，而且也关乎大学能否真正承担其守护、规范、传承文化，传导和创造知识的根本使命。

“坚持人文化”当然不是排斥理学和工程技术科学，更不是排斥现代社会科学。事实上，大学作为现代社会的产物，其主要的知识文化功能也发生了重大变化，其中最主要的变化便是现代科学技术知识的凸显。培根说得对，知识——显然主要指现代自然科学技术类知识——是启动现代社会火车头的基本动力或“杠杆”。“科学技术是第一生产力”，在现代社会文明进程中尤其如此，这一点确乎是无可争议的。问题是，即便科学技术知识的现代重要性凸显到无与伦比的地步，也不能替代大学知识身份的全部内涵，因为“知识”本身是一个极为复杂和广博的概念范畴，某类知识的凸显和重要，仅仅意味着其知识价值相对于其他类型的知识所具有的特殊时代的优先性或紧迫性，而非对其他知识类型的替代或者“遮蔽”。按照美国信息研究所的研究报告，人类已经进入“信息社会”或“信息知识社会”，所有的知识信息都可以大致分为两大类型：一类是所谓“可编码化的知识”(codified knowledge)；另一类是所谓“意会型知识”(tacit knowledge)。哈佛大学哲学系的著名教授普特南先生也有所谓“科学的知识”(scientific knowledge)与“非科学的知识”(non-scientific knowledge)之分，说法不同，异曲同工。如果从知识的基本功能来划分，人类的知识又可以划分为四种：关于事实的知识(know-what)、关于原理和规律的知识(know-why)、关于技能的知识(know-how)，以及关于知识源头或知识主体的知识(know-who)。该研究报告还认为，随着知识信息化趋势的加剧，人类全部知识的98%将成为“可编码化的知识”，而“意会型知识”将被压缩到2%左右(参见美国信息研究所编：《知识经济：二十一世纪的信息本质》，王亦楠译，江西教育出版社1999年版)。姑且不论这一百分比分割是否准确，其作为现代知识的专业分化和科技知识的凸显之明证应该是恰当的。

知识概念的这一内涵变化自然会直接影响到大学的知识身份和教育功能。所以我们看到，中外大学教育的现代发展几乎无一例外地沿着科学技术知识教育优先、工程技术型知识教育排头的路径不断高歌猛进，势不可当。可见，当下的中国大学不仅兼并成风，而且大举建设“大学科技园”“大学科技孵化园”一类的试验基地、产业(转化)基地和人才培养基地，甚至直接开办各种公司或公司集团，如此等等，不一而足，其势方兴未艾，未可穷期。在此情形下，大学及其知识教育身份和文化教化职能变得越来越市场化、商业化、实利主义，知识教育体系似乎不再连贯、不必整全、不求完备。于是乎，庄严黉门内，正道沧桑春秋转，宏学改创日月新；且留下，一枝独秀，几枝凋零，几枝残剩半截。凡可堪应用行市者不断被锦上添花，如专业或职业化教育学院和工程技术化学科；凡不堪应用行市却为知识教育体制所不可不存者则被闲置于野，任其挣扎，如纯数学一类的理学；凡不堪应用行市却为社会体制所吁求者则勉容其存，如人文学科一类。这当然是较为极端的情形刻画，相当多的大学的实际所为不一定如此突兀偏颇，但总体发展趋势的“非均衡”当毋庸置疑。

大学的知识身份果真摇身一变而截然不同于以往了吗？知识果真会全然或几乎全然变得“可编码化”了吗？大学能否转变为单纯的或者主要的现代“科技园地”？如果我们仍然坚持认可人类知识的多元、多样和多层次性事实，这样的质疑就不是没有意义的。大学的确是储存、传导和创造人类知识的所在，在现代知识社会里，大学作为新知识新文化的主要生产基地和传导基地的知识—文化身份更加凸显，这一点是不难证明的。可是，大学所要传导和生产的知识文化不应仅仅限于科技知识和科学文化，还应包括“非科学的知识”或“意会型知识”，以及历史积淀成典的传统文化。而且，传承、梳理和储存知识—文化也是现代大学不可卸脱的职能和职责。在某种意义上说，由于现代社会里知识专业化分工日益精细，大学所担负的这种传承、梳理和储存已有传统文化，特别是那些关乎民族文化经典和民族历史记忆的传统文化的特殊职能，非但没有丝毫减轻，反而愈加沉重和显要了。试想，在整个现代社会已经彻底商业化了的情况下，如果连大学都不再担负这些传统文化的维护、传导、梳理和储存的职能，那么，还有谁能够接替这些文化职能？谁能指望仅仅依靠现代科学技术的“编码化”来保证这些“不可编码化的”文化知识的连贯传承和传播？只会敲键盘而不会书写，只懂网络而不懂诗词歌赋，只能格式化而无法体通情意，这样的教育结果谁能预料？人类将会因此丧失多少必备而珍贵的人文灵智？当代人文学大师范曾先生曾经多次表达了他对诸如电脑一类的当代科技之于人类人文灵智的消解和遮蔽之危险的忧思。曾师慨言：“电脑下载的‘知识’，缺乏经过人类大脑熔铸的智慧，哪怕是古人的经典，也宛似从冰箱里拿出的硬邦邦的食物，清新的芳香是谈不上了，而因温度改变了食物的原子结构，说不定成了毒饵。经典的书帙在书屋中带有古墨的芳香，即使零落为泥化为尘却芳香如故，令人产生敬意和爱怜。”（范曾：《灵智之果》，中央编译出版社 2012 年版，第 99 页）

也许，发生在当今大学校园里的实际情形比范曾先生所感受的更为严峻：相当多的学生不会书写，首先是因为他们的老师已经不会书写或者至少不愿意学习书写，教授诗学者自己不会歌吟，当然不会引领自己的学生去吟诗作赋；教授美学艺术者自己不谙艺术鉴赏，自然只能是纸上谈兵……凡此种种，不忍足征。人文学历来被视为大学之宏门正学，所以“文理学院”（College of Liberal Arts and Sciences）至今还是各名牌大学和几乎所有综合性大学的教学主体，可不仅是许多老师和学生不再在乎于此，而且连萨缪尔森这样的前哈佛校长也在不知不觉间忘记了这一大学根本，招致非议。不知这是否可以被看作现代大学发展中的一个具有典型意义的教训。

三、大学的精神品格

大学的发展当然不可脱离社会。既然现代社会已经进入了信息社会或知识社会，意味着作为传承文化、传播并创新知识之所在的大学，所负有的知识身份和文化教育职能更加显赫，更为重要。但这并不意味着大学的知识文化身份和品格的根本改变。相反，在“可编码化的知识”急剧膨胀、“意会型知识”不断受到挤压并因此快速萎缩的情况下，大学所应承担的传承文化的职能不减反增，变得越发沉重和庄严了。更重要的是，人类的知识不只是关乎外部世界和技术行为的，还有关乎人自身及其生活于其中的人类社会的。“意会”涵摄日常伦理道德、艺术审美、心性信仰和情感想象等诸多方面，因此，所谓“意会型知识”其实比任何一种知识都来得广泛、切近、寻常而又真切。所以，我们把所谓人文学定义为人类认知和把握自身目的、体察社会和历史文化意义的最切近人生的学问。比如，人之生死，命之祸福，心之躁宁，情之忧乐，感之美丑，文之雅俗，史之曲直……更不用说人之想象、人生之诗意、人类精神之超越了。可见，人类可知、应知和求知的东西有多么丰富！

人类知识的丰富多样使得知识之分类成为必要。早在两千多年前，古希腊先贤、被马克思誉为“百科全书式学者”的亚里士多德首创学科分类，将人类知识系统划分为物理学(自然科学)、植物学、动物学、诗学、逻辑学、修辞学和形(而)上学等,从此奠立了人类知识之学科分类的基本范式。耐人寻味的是,睿智的亚里士多德竟然发现,在人类众多知识对象中,有一种难以归类的知识对象,一种既不可否证却又不可简单感知的特殊的知识对象:当人们说出“人”“马”“山”时,我们发现,“人”“马”“山”一类既是真实的存在物(beings),又不能对应于某一具体真实的存在对象,比如说,“这个年方十八岁零一天、皮肤发红且健康的……一米八身高而且体格健硕的……英俊的……男青年”,或者“那匹高大的、雄壮的、枣红色的……血汗马”,或者“那座险峻陡峭、匹立无伦、黛色的……高山”。很显然,若要实现特指某个人、某匹马、某座山的表达意图,凡留省略号的地方都还需要且可以增加更多的描述词,以逐渐清晰地限定某人所说的这个“人”、那匹“马”、那座“山”之概念的确切内涵,非如此无法表达概念或语词之确定特殊的限定性词义。这也就是说,在我们所看到、听到或感知到的具体存在对象(作为认知对象或客体)之外,还有一个真实却因为语言的中介化而抽象为概念或观念的存在,亦即所谓“一般的人”(包括男人、女人、白人、黑人、黄种人、蒙古人、雅利安人,大人、老人、小人……)、“一般的马”(包括黑色的马、棕色的马、野马、军马、骏马、驽马……)和“一般的山”(包括泰山、华山、喜马拉雅山、梅里雪山……)。亚里士多德将这类概念化了的抽象存在者称为“作为存在的存在”(Being qua beings)，而以这类存在作为研究对象的知识学科则被称为“形而上学”(直译“物理学之后”，meta-physics)。应当承认，近世日本学者对中国学问，尤其是宋明理学的了解是相当了得的，他们借用宋儒“形而上者谓之道，形而下者谓之器”的命题，将亚里士多德所归类为“物理学之后”的这门学科名称翻译为“形而上学”，以达其超越器物具体的知识含义，实有不二之妙。

概念、观念或者语言本身的抽象本性意味颇多，其中最重要的意味之一便是揭橥人类知识的复杂性和多层次性。易言之，人类的知识既有具象的、可技术化(可操作)的，也有抽象的、不可技术化(不可操作)的。以现在流行的大学学科分类范畴观之，大而化之的文科、理科之分其实并不确切，文科尚可分为人文学科和社会科学两大类，理科尚可分为理学与工科两大类。在文科和理科中都有抽象的、不可技术化(不可操作)的，如文科中的文史哲学科群，理科中的数理化学科群；也都有具象的、可技术化(可操作)的，如文科中的社会科学，特别是应用型、职业化的社会科学，理科中的工程技术学科。当然，现在的数理化经典理科也在悄悄地发生着所谓“现代性”的知识转型，诸如“应用数学”“应用物理”和“应用化学”一类，还有一些颇受现代社会青睐的“交叉学科”(如“生物化学”“计算机数学”等)，也为传统经典的理学学科打开了走向应用和市场的通道，多数甚至还具有“别有洞天”的发展前景。由是观之，我们大致可以总结，今日之大学的学科分化趋势总体上的确是具象化、技术工程化（可操作）的学科群日益强盛繁荣，而与之相对的是，那些抽象的、不可技术工程化（不可操作）的学科，尤其像文、史、哲、艺和考古一类不易（或者不宜）开辟跨学科旁门左道的人文学科群，则不可避免地日益萎缩或者被边缘化。

正是在此背景下，所谓人文精神与科学精神的讨论便逐渐成为热点，在当代中国的大学教育语境中，这一讨论的实质和本义其实就是如何看待人文学科在现代大学教育中的地位，进而更一般地说是如何看待人文学科在整个现代社会文化和教育体系中的地位和作用的问题。我了解到两种有趣的说法：一种是在现代大学教育中，人文学科应当当好绿叶和配角，科学技术工程学科理应成为红花和主角。另一种是技术工程终究只能改变局部和当下，唯文化价值观念方能改变全局和未来。对于第一种说法，我想说的是，主角与配角或者红花与绿叶的比拟多半是不恰当的，似乎不需要太多的反驳就可以束之高阁。当然，如果用市场经济的效率尺度来衡量，甚至用流行文艺界的歌星或影星与跑龙套者之间的价位高低来比照大学不同学科之间的主次排位，那又是另外一回事了。就第二种说法而言，我想指出，在现代知识（信息）社会里，知识信息的普及程度越高，其交换流动速度越快，无论是思想价值观念还是科学技术似乎都不足以真正单独地迅速改变全局和未来，反过来说，若具备某些必要条件甚至充分必要条件，无论是科学技术还是思想价值观念都有可能单独地快速改变全局和未来。这样说似乎等于白说，可仔细斟酌一下多少还是有其道理的。在几百年的现代化历程中，民主政治理念、市场经济体制和计算机网络技术大概可以算得上是最具社会变革力量的价值观念因素和科技动因了，可民主政治和市场经济历经了几百年仍然还在选择与决断的过程之中，我们有过多少种民主政治的政治理解和社会实验？又有多少市场经济的价值理解和体制实验？我们总不能把苹果手机或微软电脑制式的更新换代等同于世界的改变吧？也许，现代人和现代社会已经养成或者习惯了“改变”的心态，总喜欢谈论或者尝试不断的改变，甚至是彻底的改变，就像美国前总统奥巴马在竞选总统时打出的口号那样，可事实上，奥巴马真的给美国社会带来了很大的改变吗？也许有一些，也许什么也没有，除了金融危机倏然加剧和失业率急剧上升之外，美国（随后是整个世界）的金融就业形势的改变却更像是华尔街大老板们带来的，而并非是奥巴马主导的。

现代大学的雄心似乎也受到现代性的感染，总想成为现代社会的火车头，总想培养出一鸣惊人或者有能力改天换地的天才、雄才和伟才。可早在一百余年前，伟大的威廉·詹姆斯——一位曾经创造了“美国哲学”并被誉为“美国哲学爱国者”的哈佛哲人——却在两次关于大学的演讲中把自由思想和精神创造说成是大学的真正品格和生命之源。在1903年6月24日哈佛大学的毕业典礼上，詹姆斯发表了题为“真正的哈佛”的演讲，其中他谈道："真正的教会永远是看不见的教会。真正的哈佛也是看不见的哈佛，在更富于真理追求的灵魂中，她在无数独立而又常常是非常孤独的儿女们身上，思想是我们大学应当成为的植物园中的珍贵种子。注意！当上帝让一位思想家在这个世界上自由思想时——卡莱尔或爱默生说过，那时候一切都得重新安排。"（哈佛大学燕京学社主编：《人文学与大学理念》，凤凰出版传媒集团江苏教育出版社 2007 年版，第 22—23 页）他甚至借用诗人的语言高呼："唯有孤傲的太阳方能凌空高照，唯有浩荡的激流方能永流不息。"稍后，詹姆斯又在《斯坦福的理想命运》之演讲中诘问："构成一所大学最本质的品格是什么？"他旋即回答道："多年前在新英格兰据说是路边的一条圆木凳上，一端坐着一个学生，另一端坐着马克·霍普金斯，那便是一所大学。"（同上，第 156—157 页）有意思的是，詹姆斯先生甚至先于梅贻琦先生表达了反对以大楼来界定大学的看法。他告诫刚刚诞生的斯坦福大学说，如果斯坦福仅仅满足于大楼的建设、地域的扩张、学生人数的增加和学校财力的增长，那不过是给为数众多的美国大学再添一所平庸的校园而已，斯坦福与哈佛的竞争应当是自由思想的氛围和知识的创造力之争，而不是别的什么。

詹姆斯的话或许有些剑走偏锋，可这锋芒看起来很像是针对当下中国大学生态的。有关大学精神的讨论实在已经太多了，似乎不该再添赘言才是。可我还是禁不住想说，大学不是工厂、工场或者公司，即使"人才墓地”的说法庶几可取，也不能把大学的人才培养变成军事培训或者员工培训。由此推之，办大学也不能像开公司或办工厂那样越多越好、越快越好、越大越好，借用时下的官方语来说，办大学至少还是以“又好又快”为妥。其所以如此，盖缘于大学的确应该是有其独特的自由思想品格和文化创造精神的所在。这很容易让人回溯到两千多年前人类文明的“轴心时代”：那时候之所以产生了许多创立文明和文化典范的大师巨匠，是因为那时候出现了许多卓然而立的“学院”和“学园”，或者反过来说，因为那时候出现了许多大师和巨匠，所以才形成了许许多多的精神不朽的“学院”和“学园”。孔子打破“学在官府”的办学创举，柏拉图和亚里士多德开办的不同名称的学院，好像更能体现詹姆斯所说的“大学的品格”。这仿佛是一种历史的文化暗示：天不变道亦不变！天道不变则大学之道亦当不变？

四、清华大学的人文学统

历史总是严肃的，其回光返照更是意味深长。每当我们有些忘乎所以的时候，历史总像一位慈祥的长者飘然而至，敲醒我们昏昏欲睡的大脑，提示我们尘封的记忆，甚至给我们一记当头棒喝，引领我们找到回家的路。我非诗人，但却有真切自发的感叹，我所置身其中的清华校园近年来悄然发生的真实故事让我不能不发出如此感叹。三十余年前，随着拨乱反正、改革开放之大潮的涌起，清华大学便在深刻的历史反思中逐渐形成了清晰自觉的大学理念：半个多世纪前的那场院校改组合并，让清华痛失其卓越的人文社会科学和理学学科两大基础学科群——要知道，它们恰恰构成综合性大学所必备的“文理学院”的全部学科建制，以至于作为中国最早的综合型大学之资质荡然无存。为其“大学”之生命计，她必须“找回失去的世界”。因此，自20世纪80年代初始，清华便着手恢复其理学学科群建设，凡十年余，其理学学科群已重回国内大学前茅。又越十年，清华着手复建其人文社会科学，先建“思想文化研究所”，再建人文社会科学学院，以其为初始母体，再衍生扩建其人文社会科学群(我们戏称为“母鸡下蛋”“学科孵化”)，如经济学(经济管理学院)、法学(法学院)、文学(中文系)、史学(历史系)、艺术中心(尔后通过合并原中央工艺美术学院而建成美术学院)。至世纪之交，文科复建之势勃然，先后又有哲学、社会学、政治学(政治学系和国际关系学系)、管理科学(公共管理学院)、新闻传播学(新闻传播学院)和心理学(心理学系)等依次成立。一时间，文科学系有似雨后春笋，至百年校庆前夕，清华大学的人文社会科学群不仅基本完成较为完备的教研体制的复建，而且许多学科已然跃居国内前十位，甚至前三甲，曾经的清华大学终又回归。

“雄关漫道真如铁，而今迈步从头越。”然而，“苍山如海，残阳如血”。无须说文理复建的艰难曲折，作为在现代社会已被“边缘化”的人文学科群的复建更让人唏嘘。作为其中的亲历者，我的感慨油然而生。但个人的艰辛总不足挂齿，更何况诸如此类的人生经历其实也是一种人生的幸运。值得深思和回味的与其说是这一大学学科的解构与重建事件，倒不如说是一种关于大学人文学统之“现代性境遇”的见证。我想说，从当代中国文化教育语境乃至中国社会发展语境看，清华人文学统的续接不仅堪称清华大学学统的现代幸运，而且庶几堪谓当代中国大学教育的幸运。我不是说清华大学恢复其人文学科本身有多么宏大的历史叙事意义，而是说，这种人文学科复建举动本身，至少表现了今天的清华人对大学教育理念的一种理解和信念。她表达了一种大学的身份认同和对于大学品格与精神的执着，甚或她还间接表达了清华对今日之中国社会的一种责任承诺，以及更甚者，今日之中国社会对文化、传统、历史和未来的一种意义理解和价值期待：当一个民族和国家开始自觉到文化之于国脉延续之“软实力”的意义时，进而，当社会和国民开始自觉到人文知识作为最切近自身生活意义和精神命脉的学问及其对民族文艺复兴的基本价值意义时，人文学知识及其学习、延续和创造便成为另一种社会资本的积累方式。面对经济全球化浪潮汹涌而至，我们终于明白，人文学知识，或者具体地说，文学、艺术、历史、诗学、哲学——尤其是关于道德和精神信仰系统的智慧——和一切具有文化意义的精神资源，正在成为——或者说原本一直就是——我们赖以安身立命、发出心声、赢得倾听、把定帆桨，从而使我们在百舸争流、千帆竞发的全球化大潮中不致迷失和滞后的关键。

话似乎说远了，还是回归清华大学的人文学学统或知识谱系上来。曾经的清华并不是以工科而著名的大学，事实上，近代之初，也就是在中国现代型大学诞生的童年时代，中国的大学和整个中国又何曾有过科学技术的“先进”之名？充其量不过是“师夷长技”的后学而已。刚刚卸任的清华老校长顾秉林先生曾经告诉我，清华工科的鼎盛其实不过二十年。清华之为清华其实还是因为她诞生伊始便建立了让世人瞩目、国际知名的人文社会科学，例如，她的国学院及其麾下的“四大导师”(梁启超、王国维、陈寅恪、赵元任)，她堪称当时国际一流的经济学(陈岱孙)、社会学(费孝通以及 S. M. Shirokogoroff，中文名“史禄国”)、政治学(E. S. Corwin，中文名“克尔文”)、文学(闻一多、朱自清)、史学(雷海宗)、哲学(金岳霖、冯友兰)、心理学(潘光旦)等；当然还有这些大师们培养出来的同样堪称大师的弟子门生，例如，乔冠华、吴晗、钱锺书、季羡林、王瑶、沈有鼎……更有趣且有意味的是，原始的清华大学竟然再现过詹姆斯所说的长木两端、师生两人的情景。据史料记载：清华哲学系成立之初，仅有教授一人(金岳霖)，学生一人(沈有鼎)，前者曾为中国现代逻辑学的开山始祖，后者曾当面质疑过 20 世纪初英国哲学大家罗素和美国哈佛哲学系掌门怀特海的逻辑与数学推演并获赞赏。我在北大工作时曾听说过一则真实的趣闻：季羡林先生曾面对某位理学教授对人文学科的不敬，举手向在场的北大校长提问：“校长先生，我想提个问题。”其时校长答曰：“先生何问请示！”季老问：“何曰北大？”先生一问既出，校长弗能应也，在场者亦顿时愕然，继而鼓呼。此谓趣闻，后来我斗胆地问过季老，其未置可否，只是颔首微笑。想到这则趣闻，我便仿佛有些明白詹姆斯先生为何发表“真正的哈佛”之演讲。假如有人仿季老而问之“何曰清华？”我大致只能重复如上所述之原始清华的人文社科的学统图像和知识谱系，甚或冒昧向他或者她推荐这本《清华大学文史哲谱系》和先于此书出版、由钱颖一和李强两位教授共同主编的《老清华的社会科学》，这样的解答不一定完备，但一定是有历史证据的。

面对如此的人文学传统，今天的清华要想续接前贤、光大学统，该是何其艰难！历史不可重复，无论光荣还是羞愧。但传统或者学统终究是有可能续接的，只要我们恪守大学的本真理念，保持大学的知识身份和品格，最重要的当然还是坚守和承诺大学的真精神：创新之学术，自由之思想，以及大学之于人类文化——首先是民族优良文化——和先进知识的传导与弘扬之特殊职责。

若如是，当已然。呜呼！姑妄序之。

《清华大学文史哲谱系》，万俊人主编，清华大学出版社2012年版。原刊于《读书》杂志，2012年第7期。

我们需要怎样的哲学世界观

——序王韬洋《环境正义的双重维度：分配与承认》

环境正义是当代环境伦理中的核心问题，其要义是环境资源利用（作为一种权利）与环境资源保护（作为一种责任）之间的正义承认和公正分配问题。这显然超越了现代人和现代社会业已习惯的民族、国家乃至政治地缘的界限而成为了具有真实意义的全球化问题。具而言之，环境正义所涉及的权利与责任议题，包括不同群体、不同国家和不同区域之间的差异与争执，也包含了代际、群际和人际之间的差别和歧见，仅仅是这些问题已经足以让现代人头痛不已了，若再加引申、演化并追而问之，肯定会使我们生出不可承受之重！

王韬洋博士的《环境正义的双重维度：分配与承认》一书对这些错综复杂的问题已有相当深入的探究，其论其理，荦确坚实，令人印象深刻。但我还想借其论理思路追问：为何环境正义乃至整个环境问题竟然成为现代人类社会不可承受之重？现代人生活于其中的世界究竟是一个怎样的世界？现代人究竟该如何看待自身所处的这个世界？我的回答是，原因绝不仅仅是道德伦理的甚至国际政治的，而且更根本地说是现代性本身带来的，或者更彻底地说是现代哲学本身的世界观问题。

一、世界的“膨胀”与哲学的“萎缩”

不知不觉，我们的世界变得越来越大，可我们的哲学却变得越来越小。而且更微妙的是，我们似乎并不清楚这一变化是从何时开始又将在何时结束，仿佛我们不知不觉间丧失了某种曾经拥有的那种敏感而本真的世界观念。古人对我们生存于其中的这个世界的感受当然是敏感而真切的：不要说古埃及人基于宏伟高耸的金字塔所产生的关于日月星辰的非凡想象，古印度原始佛教关于梵天俗地、诸法空相的神奇洞彻，古巴比伦人构筑天城天梯的惊人壮举，中国远古先民所创造的羿射九日、女娲补天等充满空间想象的神话传说，文明古国的先民们关于我们这个世界的所有想象和寄托无不闪耀着智慧的光芒。即使仅仅就创造了哲学这一人类爱智学问的古希腊文明而言，其有关宇宙世界的想象已足够壮阔、敞亮、充满哲学的洞见。大海、风暴、星空，以及处处可观却又永远无法企及的天岸，让古希腊人产生无穷无解的“惊异”(wondering)，也正是这无穷无解的“惊异”诱惑，成为了古希腊“智者”(sophists)诞生的温床，他们对置身其中的寰宇充满惊异、好奇、疑惑、追问，这是一个需要智慧并产生智慧的过程，更需要热爱智慧的智者永远持守和葆有一份惊异、好奇、疑惑和追问的智慧之爱，于是便有了哲学和哲人。古希腊哲人的哲学一如他们的心胸、智慧和想象一样辽阔、远大而悠然。正是他们建构了宇宙论和本体论，作为哲学的奠基和“基始”(即古希腊文中的“arche”)。

今天，我们眼中的世界较文明古国的先民们眼中的世界确乎更大更清晰，从人类可以眼见的银河系和可以凭借技术工具观察到的超银河系，到人类不可眼见的微生物界，以及人类通过计算机网络等高科技构筑起来的“虚拟世界”，我们眼前或心中的世界不仅风起云涌，而且变幻莫测、漫无边际。这的确是现代人的伟大发现和发明，也是现代人引以为自豪的所谓现代性奇迹，从迪亚士、达·伽玛、麦哲伦、哥伦布相继发现新大陆开始，到比尔·盖茨缔造微软帝国、乔布斯开创苹果王国，甚至马云创造阿里巴巴神奇乐园，五百年弹指一挥间，人类眼前的地平线从此无限延展，漫无极至。

可是，相较于古典哲学，更不用说远古的智慧，今天的哲学却变得越来越小、越来越不清晰了：从古希腊哲人的宇宙本体论到中世纪建基于“地心说”之上的基督教神学本体论，哲学所及的世界悄然改变，开放无垠的自然世界变换为有始有终(基督教关于“千禧年”的预定)、有中心有边界(作为上帝创造作品的既定呈现)，且被严格划定世俗与天国之边界的预定世界。进而，肇始于培根、笛卡尔的近代西欧哲学，仰仗着逐渐强大的近代科学技术，将哲学从天国拉回到地上，从宇宙本体论后撤至基于人类经验与理性的认识论和以人类自身为本位的世俗人道主义价值学。哲学所及和能及的世界一步步紧缩，近代哲人——也许，还远不止近代哲人——将之视为哲学的“哥白尼式革命”和“知识论扭转”。哲学及其世界的紧缩似乎还在继续，进至现代，聚焦于知识论或认识论的哲学再次发生明显的“扭转”：如日中天的现代科学主义思潮将哲学逼到了知识的边缘，由于哲学既无法“逻辑地”或“经验地”证明其论断，又不能像数学、物理学那样提供任何新的“可以证成的”(justifiable)甚或是“可编码化的”(codified)知识，因此被剥夺了作为一门知识的资格，近代哲学的所谓知识论或认识论寻求，变成没有意义的理论游戏，甚至是思想幻想。于是，哲学不得不放弃其知识论的寻求，转而聚焦于所谓方法论探讨。现代人和现代社会似乎相信，目的或目标已然明确，无须重新确认，唯一需要的是实现既定目的的方法，或者达成既定目标的方式或道路。

现代哲学的方法论转向与其说是哲学及其世界的紧缩，不如说是整个现代社会和现代人观念视阈的紧缩，乍一看，是强盛的现代科学主义思潮倒逼的结果，其实是现代社会日趋功利化、商业化和世俗化逼迫的结果。科技不过是现代社会和现代人创造出来用以实现最大功利和最大幸福的工具，基于无穷欲望所滋生的实利主义冲动，才是现代人放弃漫无边际的宇宙本体论探寻并从知识论或真理论进一步转向方法论和价值论的真正动因。很显然，方法和价值的追求才被看作最切合现代人和现代社会之需求的哲学意义，而无休无止的需求与不断满足需求的努力才是商业化社会运转的根本动力！商业或者生意即便需要哲学或者智慧，也大多是“实际可操作的”工具化和技术(甚或技巧)化的“管理哲学”“技术哲学”，甚至是发财哲学。这类哲学离古希腊哲人心中的哲学理想已经很远很远了，或许这也是现代哲学和哲学家的哲学乡愁吧。倘若封闭了曾经开辟的宇宙本体论通道，失去了对世界的惊异和寻求智慧的思路、言路、理路，哲学还能否回家?

现代人眼前世界的不断变大与现代哲学的不断变小，正好比我们今天所看到的“全球化经济”或“经济的全球化”景象，这就是时下经济学家和商人们议论纷纷的“通紧”之象。一方面是我们所面对世界越来越大，越来越复杂；另一方面却是我们的哲学变得越来越小，越来越迷恋于知识、技术、技巧甚至是实利化的价值，哲学所关注和所能关注的世界越来越萎缩。无本体的哲学又怎能保持它曾经的“无用之用”呢?以生态环境为例，如果失却其宇宙本体论，哲学还如何关注世界?进而，如果失却其原本拥有且必须拥有的本体论世界观，哲学又如何关注生态环境?须知，古希腊人发明哲学之初，所谓宇宙、世界、社会和人生，原本是同体贯通的，其所谓“大宇宙”与“小宇宙”之分与合，仅具有逻辑理论的分辨意义，而实质上和根本上它们是同心一体的，社会人生的“小宇宙”不过是世界“大宇宙”的一个内在构成部分，而非外在于甚或高于世界整体的独特部分。

因此，哲学的世界观乃是社会历史观和个人人生观的大前提，或曰本体论“基始”。没有清晰完整的世界观，绝不可言清晰完备的社会历史观和个人人生观。

由是观之，遗失了宇宙本体论的现代哲学，实际上已然失去了关注和洞彻生态环境及其与现代人类之内在关联的反思能力。也许正因为如此，现代思想家们才会警惕人类中心主义的傲慢，也才会迷惑于非人类中心主义的茫然失据。

二、无世界观的哲学如何谈论生态?

现代人只喜欢现代化了的哲学，也就是高谈阔论价值或意义问题的哲学。因此，现代人和现代哲学都似乎淡忘了置身其中的自然世界，这使得现代人当下有关生态环境问题的讨论显得零碎、不切要害，甚至有些漫不经心。我把这种哲学称为无世界观的哲学。现代人的世界观遗忘症当然首先源自哲学及其思想世界的萎缩！我指的不是实在的世界，而是现代哲学或哲学家眼中的世界。现代哲学似乎不屑于谈论自然，因此也就不再给所谓自然观和自然哲学保留空间，取而代之的是所谓“科技哲学”，而“科技哲学”关注的重心只在现代科学技术的哲学方法论问题。同样，现代哲学也不再探讨形而上的本体论问题，甚至将之作为“无法证明的”“无意义的”问题而加以“拒斥”。比如，20世纪占据主流地位的现代分析哲学就明确宣称“拒斥形而上学”，因为在分析哲学看来，古典的哲学形而上学和本体论是“非科学的知识”，因此是无法认知的，必须拒绝之，至少也该束之高阁。这种“非认知主义”的拒绝态度曾一度殃及伦理学、艺术哲学和政治哲学等人文主义经典学科，导致这些“哲学分支”深陷所谓“知识合法性危机”，甚至危及哲学自身存在的合法性理由。总之，最近一百多年来的哲学一直都处在不断后撤其知识立场、不断放弃其理论领地、不断缩小其观察视阈的尴尬境地。

这门曾经被尊奉为“科学之科学”的皇冠学科，几乎沦落为没有科学和知识身份证的“非法游民”，一直在为自身的现代生存寻找理由，其情其境，让人何等唏嘘感叹！

我感到疑惑的是，无形上本体论、无世界观的哲学如何谈论(更不用说研究了)生态环境问题?

一种无形上本体论的哲学显然只会论“用”不论“体”，因此在其视阈中，生态环境或自然世界便只能显露其作为“外部环境”“物质条件”，甚至“有用工具或条件”的手段性价值。如此一来，现代人和现代社会所坚信不疑的“通过认识自然”来“改造自然”的哲学信条便成为顺理成章的结论。相比较而言，一种无世界观的哲学更难将生态环境或自然世界见纳于其哲学视阈，就像一个囿于“知识逻辑”，甚至居住在所谓“缸中之脑”里的哲人，无法放眼原野天岸或惊异于风云寰宇一样。

这是现代哲学的一种前所未有的理论姿态，它的本质是后撤、缩小、降低！即使在近代启蒙运动中，比如在18世纪的伟大哲人康德那里，虽然哲学家们仍然遵循着苏格拉底的教诲，把哲学致思的重心紧紧扣住人、人性、人道这类人道主义的主题，但哲学的智慧本性仍使他们对一切“非人类的”或“超人类的”世界——例如自然王国和宗教天国——保持着足够谨慎的尊重。理性主义哲学大师康德依旧保持着对“头上星空”的惊异和敬仰，当他勇敢地运用人类的理性——这正是被他视为“启蒙”(Enlightenment)的根本意义之所在——将哲学的纯粹理性推演到极致时，他依旧能够清醒地意识到，自然世界作为实在本体并不是人类理性所能全然达到和洞穿的“物自体”。面对“物自体”，我们的理性只能保持沉默，同时还必须保持足够的尊重和敬仰。同样，即便是作为20世纪分析哲学的一代宗师，维特根斯坦在断定伦理、宗教等一切隐含着绝对价值或终极本体意味的非认知非科学特性的同时，也依然保留着“只能景仰”“不敢奚落”的智慧而开放的哲学姿态。然而，并非所有的分析哲学家都能像维特根斯坦这样，保留对“非科学”“非知识”对象的有限“沉默”和内心景仰。而且，最根本的问题是，仅仅是保持沉默的姿态也远不是哲学看待自然世界的应有态度，毕竟，这样的哲学态度无法介入任何有关自然世界的哲学反思和考量。

行文至此，我突然想起大约十余年前在《读书》杂志上读到的一篇文章，作者好像是郑涌先生，标题大概是“哲学也许原本不是我们所想的这样”。作者说，这是著名哲学家伽达默尔在他九十大寿的生日派对上说出的一句值得深思的话。伽达默尔显然是针对现代哲学而言的，倘若被他不幸言中，那么哲学又该是怎样的呢？“轴心时代”的古希腊哲人早有定论，只不过现代哲学家们总是过于迷恋自己的现时代而不太相信，甚至不再相信古典。是啊，现代性的力量确实太过强大，以至于所谓“现代性的祛魅”几无可能，市场与科技的魔力似乎无与伦比，因此所谓“商业和技术的祛魅”远远甚于马克斯·韦伯曾经感叹的“宗教祛魅”，因为无论现代性还是商业和科技，都具有创造巨大财富的无限能量，而中世纪的西方宗教顶多也只有敛聚和占有财富的有限（时间的和空间的）权能。

可是，另一位现代哲人怀特海却在苦心建构其“过程哲学”之后谈到，即使是20世纪前半叶的物理学成就也会让牛顿目瞪口呆，但在哲学和文化智慧上，直到今天我们却还是不得不重复佛陀、耶稣和苏格拉底（我想，至少还应该加上中国的老子和孔子）。这又是为什么呢？我们是否从来就没有好好想一想，为什么“轴心时代”的经典哲学和文化始终都不可复制、不可再现、不可超越呢？想要回答这些问题实在太过复杂，仅仅就哲学而言，表面看是我们“做哲学”（借用当今美国哲学界的流行说法“doing philosophy”）的方式出了问题，而实质地看则是我们“做哲学”的心态出了问题。心态不正，心思自然不周。把哲学当作一门功课来做固然没有什么不妥，问题是，现代人“做哲学”的动机和心态总是超不出知识技术及其功用价值，巧妙一些的说辞是“做哲学的意义”。现代人和现代社会不论谈什么或做什么，都喜欢首先考究其“意义”如何。

因为，注重知识技术和功用价值，所以现代哲学醉心于认知、方法和价值。可麻烦的是，任何一种只注重认知、方法和价值而缺少世界观和本体论关照的哲学，很难充分地阐明生态环境问题，即使勉为其难，也难以洞穿个中堂奥。很简单，生态环境首先是一种自然的客观存在，它不仅构成了我们人类生存的生态环境，而且拥有其自在的生命存在。即使仅仅从人类自身的立场看，自然世界也绝对不只是外在于人类生存的“另一种存在”，毋宁说，人类作为生物或生命不过是整个宇宙世界的一个微小的构成部分，其生命意义如同万类万物一样享有生的尊严和命的价值。这一点早在两千多年前的中国道家学说中已然荦确无疑。只是近代以降，人类在仰仗科学知识奋力挣脱宗教“束缚”的同时，自信心过渡膨胀，力图摆脱自然，甚至征服自然。的确，近代以来日新月异的科学技术给予了人类越来越多、越来越强大的认知自然和驾驭自然规律的能力。但是，即使是像培根和马克思这样极具科学雄心和现代性志向的思想家，在宣称“用杠杆撬动整个地球”的同时，也还保持着对自然宇宙之神奇的惊异和敬仰。马克思提示人们说，只有认识和把握自然规律，才能认识世界和改造世界。问题是，认识和把握自然规律永远都只能是过程中的进步，从来没有也永远不可能有穷尽规律、把握终极真理的时刻。

三、生态问题根本是我们自己的心态问题

其实，生态环境问题远不只是一个科学技术问题或哲学认知问题，根本上说乃是我们自己的心态问题。这种心态问题几乎是特属于现代人的所谓“现代性心态”(the mentality of modernity)。许多学者都对“现代性”有过相当深入的讨论，但究竟何为现代性心态？似乎尚待探讨。以我自己的直观，现代性心态至少隐含这样几个要素：有感于市场经济或现代商业主义的普世化力量及其无所不及的效应而滋生的市场附魅心态；基于现代科学技术普及化及其几乎无所不能的巨大能量而形成的唯科技主义理性崇拜心理；由于前两股力量的催化作用，并受基督教末世说、历史主义目的论和达尔文进化论等多种学说之复合影响而逐渐建立起来的现代直线型进步主义价值取向。这三者当可视为现代性心态的主要构成元素。它们与其他现代思想文化和价值观念因素一起，共同塑造着所谓现代性心态，并对现代社会和现代人产生着越来越深刻的精神—心理影响。

心态不正，认识必定不周，行动当然多有不逮，或者说，即便有所认知和行动，也多半是囿于人类、人群，甚至是个人自我的有限立场而生发的。所谓环境正义问题，也就是环境资源与环保责任的分配问题，就是这种心态的衍生后果。环境正义问题凸显于20世纪90年代，在时间顺序上，它出现在环境伦理问题产生之

后，应当被看作环境伦理问题的特殊类型。20世纪五六十年代，因美国洛杉矶光化学烟雾事件、伦敦烟雾事件、日本水俣病，以及70年代和之后相继发生的沙漠化、酸雨、臭氧层破坏、物种多样性快速减少、全球性气候变暖等一连串环境恶化事件的刺激，促使环境伦理迅速演变为现代热门话题，甚至成为现代显学。

一般说来，环境伦理问题的基本主题是对人与自然关系的反省或反思。可是，随着有关环境伦理问题的探究不断深入，人们发现问题远不是这么简单。环境伦理的初始起点是人类如何保护自然环境，以提升人们对和谐均衡之人与自然的关系的尊重和保护意识，并采取切实有效的社会行动，防止其遭受现代工业化污染和破坏。可环境伦理的这一出发点完全是抽象的、人类中心主义的，它实际上是以“无差别人类主体”作为其出发点来讨论环境问题的。然而事实却是，造成环境问题的并非所有人类，而仅仅是一些运用现代工业技术从事工业化大生产——例如，化工、纺织印染等——的现代企业，也就是现代社会生产的那些所谓“先进代表”。这样一来，便产生了一个十分尖锐而麻烦的问题：凭什么或以什么理由让人类全体来分担原本是由一部分人群所造成的环保责任？按照西方流行的自由主义价值观念，责任与权利必须对等，世界上绝没有无权利分享的义务承诺，也没有无义务承诺的权利分享。因此，基于一种“无差别主体”的环境伦理实际上是不可能的。

基于“无差别人类主体”的环境伦理强调的是普遍

化了的"人类我们"，可是，究竟谁是"人类我们"，或者谁能代表"人类我们"，社会生态学家默里·布克钦(Murray Bookchin)诘问："谁是这生命世界要被保护的我们?"是'人性'吗? 还是人这一物种? 还是人民? 或是我们的社会、文化以及等级制的社会关系? 当然，这种自私的'物种中心'的思考方式的问题之一是它谴责受害者。你实际上是在让一个人逃脱责备而却污蔑了另一个无辜者。"([美]戴维·贾丁斯：《环境伦理学——环境哲学导论》，林官明、杨爱民译，北京大学出版社 2002 年版，第 279 页)这就是环境伦理的多重吊诡：部分人群或地区所造成的环境灾难却要人类全体来承受，而人类全体所应分享的自然资源却因种种原因而仅仅由部分人群或地区垄断独享。更不合理的是，上一代人所造成的环境污染却要让下一代人甚至未来数代人来承受，一代人或几代人便可以肆无忌惮地挥霍我们这个星球上的所有资源，而我们的后代却只能偿还由他们的前辈造孽所遗留的生态环境恶果。例如，矿产资源枯竭、水土流失和水土污染、生物多样性毁坏、物种灭绝等；环境正义问题由是产生。更严重的是，由于人类世界本身是一个存在诸多不平等的差异化世界，这种出自"无差别人类主体"所衍生的所谓普世主义环境伦理，却又以冠冕堂皇的伦理理由，将当下的环保责任强加给全体人类。最麻烦的是，面对当今日趋严重和广泛的生态环保问题，任何人或任何机构似乎都不好以"差异化人类主体"的名义，仅仅把环保责任当作部分人群或部分地区的责任。因为，一个近乎无理数式的事实是，环境问题、生态危机一旦出现，其后果的确是所有人类都不得不承受的。易言之，在生态环保问题的成因与责任之间，并不存在某种直接对应的因果关联，因此其中的责任承诺必然会因为行为主体与责任主体之间的非直接对应而出现模糊，进而无所附丽。从一种积极的立场来看，即便我们清楚，造成生态环保问题的行动主体只是一部分人群或地区，人们也不能因为自身没有介入其中而逃脱生态环境的影响，更不能套用原有的基于因果关系推理的责任承诺与责任追究机制，而卸脱自己对生态环保应尽的一份责任。

在这里，我们仿佛又回到了前面辩驳的那种基于“无差别人类主体”的环境伦理而逃避了环境正义问题。果真如此，那就不仅仅是环境伦理的理论尴尬，更是我们现代人的道德尴尬。究其原因，还是由于现代人的世界观问题，或者说，是现代哲学的哲学世界观问题！

遗失了宇宙本体论，哲学便失去了关照自然世界的自觉意识和思辨能力，也就没有了哲学曾经拥有且作为其发源地的哲学的自然观世界或哲学的世界观。一种无世界观或无宇宙本体论的哲学当然只会从“利益关系”或“利害关系”出发，用功利主义的价值学方法而非真正的普遍道义论方法，来考量和评判生态环境问题。然而，仅仅限于无世界观的哲学——更不用说仅仅凭借一些无论是多么先进的科学技术手段——根本无法解决诸如环境正义一类的现实问题，更遑论解决所有现代生态环保问题！君不见“京都（环保）协议”的长期搁浅？一次又一次国际性，甚至是联合国主导的全球性环保大会的众声喧哗与无奈收场？以及那些最发达国家的最消极环保态度？作为伦理学家，我们所能做的仅仅是基于环境正义和环境伦理的道义呼吁。作为哲学家，我们最多的确只能谈论如何认识世界。然而，如果我们的哲学对于曾经孕育她自身的宇宙世界无所关照，又怎么能够帮助人们认识世界呢？或者换句话说，一种本身缺少本体世界观的哲学又能帮助人们认识怎样的世界呢？

我想，这样的哲学一定看不到“寂静的春天”。但我相信，一旦哲学找回其世界并重新打开其宇宙本体论哲学视阈，便能重新极目天边，洞穿无边无际的风云宇宙，进而便能重新帮助我们认识世界，不只是人类的生活世界，而且是人类置身其中的自然世界，最终帮助我们找到改善世界而非仅仅是“改造世界”的方式。作为一种理性的生物，人类的认知足以改变其心态，进而改变其行为本身，这是古典哲学和古典哲学家的原始信念，它像银河繁星一样闪耀着永恒的光芒。

关于生态环境与哲学，我想说和能说的大概就是这些了。可掷笔之前总有一丝不忍和牵挂，却又说不清究竟何由。我突然想到，到此为止所说的一切几乎都只是针对人类同胞的，面对头上被雾霾遮蔽的天和脚下很可能已经被无数次污染过的地，我是否还需要说点什么？

面对自然一如面对将来世代的人类同胞，纵有千言万语也不知道应该从何说起。更让我们茫然的是，即使我们有所诉说，沉默的自然又是否能够听见？能否打破沉默而有所回应？进而，若自然宇宙果真有所回应，同人类展开对话，它又会说些什么？我们又是否能够或如何能够领悟自然的诉说？也许，我们还应该思考一个我们未曾意识到的问题：在现代人与其置身其中的自然世界之间，所缺少的不单是彼此尊重的态度，还需要嫁接一种独特的话语桥梁。而所有这些都需要哲学的智慧，但绝不是作为一门科学知识的哲学，而是拥有宇宙本体论反思智慧和世界观观照的哲学。这也就是说，现代哲学如果想要承诺诸如环境正义和环境伦理的学术职责，就不得不回归古典，找回她曾经拥有的那种开放而超迈的哲学世界观。让我欣喜的是，韬洋博士告诉我，这正是她接下来想要继续的事情，而我则允诺，待到她的探究有了新的成果，我一定再为之序，而让这篇有些仓促的文字变成我们共同寄予未来环境伦理的哲学留言。

王韬洋：《环境正义的双重维度：分配与承认》，华东师范大学出版社 2015 年版。本序曾以“世界的膨胀与哲学的萎缩”为题，原文刊于《读书》杂志，2015 年第 10 期，发表时略有删节，现以原题恢复原文重刊。

走不出的古今中西之学术迷宫

——方朝晖《学统的迷失与再造：儒学与当代中国学统研究》序

引言：为何总谈“古今中西”？

近世以降，“古今中西”四字仿佛成了中国学术和中国文化世界的一道“紧箍咒”，从古至今几乎没有人能够轻易摆脱它，仿佛怎么也绕不开它的纠缠。如果说，“中”与“西”之间的思想纠结乃是近世西方世界之于中国社会的现代化“先进”秩序使然，源于一种现代化时差所导致的文明落差，以及由此文明落差所滋生的“现代性”(modernity)差异心理，那么，“古”与“今”之间的文化缠绕在根本上说同样也始于这种“现代性”差异心理的刺激，只不过它并不直接表现为两个不同文明体系之间的现代化时差之心理效应，而是直接表现为同一文明和文化系统内部的时间性差异及其所带来的文化心理效应，一种可以归结为现代进步主义历史观和价值观评价后果的反思自身文化传统之时间性差异的比照方式，“今”被赋予一种鲜明的“现代性”时间维度和价值维度，而所谓“古”者，则仿佛是自然而然地被当作了显现“今”之先进性和“现代性”的原始镜像，尽管它确乎已然非常遥远因而有些模糊不清。更为麻烦的是“中”与“西”同“古”与“今”两个面向的讨论争执常常是相互纠缠在一起的，这便使得任何有关中国现代性问题的讨论，始终都无法摆脱西方现代性的语境笼罩，后者竟然成为现代中国文化和中国学术的如来佛手掌。

毫无疑问，这是一百多年来——更远还可以上溯至明末以降三百余年——中国社会面对西方现代化浪潮冲击所产生的一种确实是自然而然的文明和文化反应，从纯历史主义视角来看，其动因完全是正常的，毕竟，中国与世界的社会发展进程呈现出巨大的现实差别。但从稍微复杂一些的文化多元主义视角来看，其文化与思想的后果是否完全正常，却仍然是一个需要反思的文化哲学课题。因为，一个显见的例子是，至少人们至今还无法断定，“古”之文化传统与“今”之文化发展之间究竟是凤凰涅槃般的浴火重生还是全然断裂的异质别生？现代中国学术和中国文化能否在西方现代性的轨道之外开出一条新路？若如是，这条新路又当如何？正因为如此，每每触及中国的文化学术（更不用说文化哲学），人们便不得不自己给自己戴上“古今中西”的“紧箍咒”，患上悟空式的头痛毛病，而且多数人在多数情况下还远没有齐天大圣的那种承受紧箍的功夫。于是，如何摆脱或者绕开这让人头痛不已的“紧箍咒”，也就自然而然地成了即使不是所有也必定是绝大多数中国学者涉足自家文化与学术之前最紧要的考量前提。

可是，时至今日，我们似乎也没有什么办法走出这古今中西的迷宫，尤其是当我们执着于解释和评判中国近世以来的文化思想世界时，这种学术苦恼便尤甚尤烈。能否找到一种方法穿透这座迷宫？往者今人思之久矣，但是，所获得的成效却总不遂人愿。何故？与其说是中国现代学术之功力尚未周济，毋宁说是我们的学术之道尚不清晰，或者多有偏差。不过，纵然是如此艰难，问题的追究从未停歇，也总有些进展，中国的学者更不会因为其艰难而将其“悬搁”起来。近日，清华大学方朝晖教授历经十年磨砺，完成其新作《学统的迷失与再造》（以下简称《学统》），对此做了艰苦独到的探究。大作付印前夕，朝晖教授令我为之一序，有感于自己的学养浅薄、怯于为文于此而坚辞既久，只是朝晖教授的执着犹过而我却不及，况且我自身也长期苦恼于此，欲借先读之机，学习其治学之道，最终还是应承一试。好在讨论这一课题也是所有中国当代学者的必修功课，即便多有不逮，也不妨本着学习的姿态，进修一次摆脱迷宫的功夫，也算是一件有意义的工作罢。

“学统”与“道统”

胆敢承诺一序的另一个理由是，我大致读过朝晖教授的大作之后，发现他尝试破解古今中西之谜的努力确实给人诸多启发，最起码他从反思中国学统问题入手的独特路径，提出了许多有意味的问题。比如，中西学术范式的不同和不可通约，“学统”及其知识论形态差异，中国传统学术范式的现代转型，如此等等。而在我看来，能够提出问题已经成就可嘉了，更何况朝晖教授从“学统”而至“道统”、兼容中西古今的治学尝试并不多见，值得唱和。与多数当代中国学者不同，朝晖教授不是从古今中西的文化比较或哲学比较角度涉入古今中西的迷宫的。他选择了学术传统的知识社会学视角，从学术史和思想史的交叉视域，对此类疑难做出了自己独到而大胆的分析论证，形成了不少学术洞见，包括不少的批评性洞见。换言之，从中国学术传统的反思角度来解析古今中西之谜，方朝晖教授的研究在当今中国学界确乎可谓先鞭之作。

《学统》一书由两大部分构成：前一部分基本上是作者近年来若干论文的整合延展，集中讨论学统、中国学统及其现代转型过程中的诸种问题；后一部分则以美国“波士顿儒学”这一典型学术群体的中国儒学研究为中心，来讨论当今西方中国学(旧称“汉学”)对中国学统的探讨及其种种误会，由此试图厘清有关中国学统的一些代表性误解，从而为前一部分的论题提供更为具体也更为坚强的佐证。质言之，中国的学术传统(即作者简称的“学统”)及其现代问题乃是《学统》一书的主题。

作者对“学统”的基本界定是：所谓学统，即“一门学问所具有的独特的运作逻辑、意义世界和研究范式”(见是书“内容介绍”)。按照这一核心概念的定义，作者断定，近代以来的中国学术传统已然迷失，即没有形成连贯一致的近现代中国学统。造成这一后果的基本原因是中国学者既未能学习到西方学术传统的“真经”，又没有保持好中国自身原有的学统并使之顺利完成现代知识转型。作者通过参与中国哲学的合法性问题讨论，通过追问中国是否存在西方知识论形态上的伦理学，以及通过整体考察中国社会科学的知识状况和方法问题，从不同方面阐明自己的上述论断。通过仔细辨析上述诸论，读者应当会发现，作者给我们提出了许多值得认真思考的严肃的学术话题。例如，为何近世中国学统会出现如此迷失，此种迷失究竟是意味着中国学统的断裂还是消失，在作者心里，迷失了的究竟是中国“学统”还是表征中国文化精神的“道统”？

近世以来，人们并非没有注意到上述问题，相反，此起彼伏的讨论和争论都或多或少对这些问题做出了各种不同的解答。问题是，至今我们仍然不能确定，中国学统究竟是被西方化了还是干脆就像一束流星隐没在遥远的历史天空。朝晖教授在是书中抱怨：百年来，我们要么落入东施效颦（确切地说，是东施效西颦）的西方主义设计圈套；要么是怀抱羞羞答答的、粗陋的文化民族主义而顾影自怜，甚至陷入一种民族主义文化自恋而堕入自我虐待，不能自拔。我大胆地猜测，作者一定是积累了太多哀其不幸、怒其不争的文化情结，因此才有如此情绪强烈的诊断。值得我们认真思考的一个重大问题是，“学统”及其转换是否必然危及“道统”的独立成长？

我的体会是，朝晖教授关于“学统”的界定在知识社会学意义上大体上是严格有效的，从一个学科或学科体系的知识运作逻辑、意义范畴或意义世界、研究范式或研究方法三个方面来界定学术传统，基本涵盖了学术之为传统的基本要素，只是对于“学科”或“学科体系”还可以做进一步的规定，比如，在广义的人文学和社会科学之间，在诸人文学科、诸社会科学之间。再做具体的规定。关于“道统”，朝晖教授多有论述，但似乎还没有做严格的定义。按我的理解，“道统”应该是某一文化传统自身内在的核心文化价值体系和文化精神系统的连贯一致的构成和传演，在文化政治的意义上，或可称之为“文化意识形态”。著名现代美国学者希尔斯先生在其《论传统》一书中谈到，任何一种思想、观念、制度、行为主系统，若能连续融贯地传演三代及以上即可称之为“传统”。与“学统”有所不同，“道统”之于某一独特的文化传统具有更深刻更内在，因此也更持久更独特的精神特性。这样理解至少部分迎合了老子的所谓“道可道，非常道”之说。也就是说，“道统”比“学统”更具“内在价值”的特性，因此也更具文化传统的独特性或异质性。

遵循朝晖教授是书的学理逻辑，当我们把“学统”置于学科知识范式及其延续时，实际上我们已经是在现代知识论或现代科学研究的意义上讨论学术传统了。既然如此，我们就不能拒绝现代知识论的一般知识原则，包括原理性的和方法论的。按照现代知识论的理解，知识及其生产方式——知识创造、知识构成和知识表达——就应当遵循一般知识论的学术原理。就此而论，“中”与“西”的学统之争应该服从于知识论的一般原理要求，因之可以转换为中国学术之“古”向中国学术之“今”的知识或知识范式的现代转换问题。若如此，中国学术传统的“中西之争”便可自动消解，需要考虑的问题只是如何使中国古典学术转型进入现代学术范型的运作轨道，更多的属于知识生产方式和技术的现代化转换，就如同古代中国(乃至古代世界)的算术或“算学”如何转型为现代数学乃至现代计算机科学一样。但我相信，朝晖教授不是在这种纯知识学意义上来谈的，毋宁说，他很自觉地将论题的讨论放在了知识社会学的语境之中，这样，“学统”的纯正和独立才能成为他辩论的主题。知识的标准和技术是可以普遍化的，无论知识构成和知识表达的技术发展到何种程度，即便是有了每秒千万亿次计算能力的巨型计算机，其所基于的基本数学原理同 1＋1＝2 的最简单算术原理并无本质不同。孔子所言“六艺”或古希腊人的“七艺”诸说，也都可以被看作现代诸科学知识谱系的“原型”。可是，一旦我们把知识的生产、传播和传演过程置于社会历史的独特情景之中，问题便立刻变得复杂起来，尤其是对于人文社会科学知识系统来说，更是如此。因为，真实存在的社会总是独特的，尽管我们可以有意义地、一般地说“人类社会”。历史更是差异多样的，所谓“人类历史”的说法如同“人类社会”的说法一样，仅仅具有方便表述和普遍概括的形式意义。在某一特殊的社会和历史中，知识的创造和传演总会带有该社会和历史的构成性(而非仅仅是外在条件性的)特征，哲学人文学似乎比社会科学更为突出。

然而相对“道统”而言，即便是知识社会学意义上的“学统”，也还只具有某种形式化的意义。“道统”本身不仅植根于特定文化的知识传统，而且深深地植根于特定民族的文化心理和民族精神之底部。“道统”的民族性使得她本身具有某种不可公度的文化价值取向和心理—精神诉求，因此成为民族之独特文化精神气质、心理定向、价值追求和信仰体系的思想表征，在民族—国家的范畴内，她甚至具有国家政治之意识形态——同我所谓“文化意识形态”相比——的特性。因而，不同“道统”之间的竞争和相互理解常常变得异常艰难，甚或根本就不可能。所谓“道不同不相与谋”的说法，正是此种事实的真实写照。这也正是为什么文化宽容和政治宽容逐渐凸显为现代社会的核心价值理念的根本原因之一。

由此引申出来的一个议题是，某一民族—国家的“道统”常常内在地预制、规导，或者至少在思想和文化精神层面左右着该民族—国家的“学统”，其典型方式是国家政治对学术和文化的强力干预和政治影响。无论人们是否承认，或者是否愿意承认这一事实，都很难人为地改变之。随着东欧剧变和经济全球化进程的加速，许多西方学者天真地以为，作为国家或国家集团的政治意识形态已然“终结”(丹尼尔·贝尔、福山等)。顺此思想逻辑推理，诸民族—国家之“道统”间的“诸神论战”将会就此偃旗息鼓，诸种不同“学统”之间的整合将会随之到来。可事实并非如此！只要人类社会通向现代化的道路不是华山一途，而是“条条道路通罗马”，那么，所谓“道统之争”就将长久存在。是故，我确实更愿意在仔细分梳“学统”与“道统”之间的界限之前提下，来讨论中国学统及其现代转换问题，而且我愿意相信，如此在分梳的基础上来讨论中国“学统”的确认，重新建构和自我辩护，可能更为合理有效。

“地方性知识”与“文化他者”

方朝晖教授新著的第二部分集中讨论了美国波士顿地区的中国儒学研究现状，以此系列的典型个案分析，作者想努力证明的一个基本判断是：西方学者对中国传统儒家文化的研究在总体上终究难免“隔靴搔痒”的窘境。如此关注当代区域性学者群体的儒学研究，方朝晖教授大概是国内学界第一人。这不仅充分表现了朝晖教授敏锐强烈的学术前沿意识，而且也反映了当代美国的中国研究已经形成具有区域学术共同体特征的“地力性知识”(杜维明语)。

毫无疑问，作为美国的“文化之都”，波士顿地区的中国儒学研究是极有代表性的，其学术成就已逐渐获得公认。就此而论，朝晖教授的研究确实独具慧眼。他充分注意到了当代著名海派儒学研究领袖、哈佛大学知名教授杜维明先生作为“波士顿儒学研究”这一特殊学术共同体之特殊成员的身份特征和特殊贡献。与那些纯粹的美国汉学家不同，杜维明先生拥有着兼通中西两大文化传统的学识背景，其(华人)身份文化传统的知识习性和他长期浸淫欧美(尤其是美国)哲学文化的知识文化背景，使得他在很大程度上获得了“双重文化”的谍眼洞识和两栖调适能力，这一点在当代国际学界并不多见，自然也成就了作为儒学国际化之学术文化大使的杜维明。不过，我这里所关注的焦点——我相信也是朝晖教授关注的焦点——不在如何阐释和评价杜维明先生及其儒学研究，而毋宁是作为一种地方性知识的“波士顿儒学”之于我们重新审视现代中国“学统”问题的文化“镜像”或知识“镜像”，也就是说，从“波士顿儒学”这一独特的地方性知识群体及其中国(儒学)研究中，我们能够发现些什么？学习些什么？

我一直相信，无论异域的文化和知识与我们的文化传统之间有多么“异质”，又是多么难以“相容”，都是我们可以且应当积极借用的“文化之镜”，从中我们不仅可以加深文化的自我认识，还可能获得丰富有益的，甚至是先进优质的文化思想资源。朝晖教授的研究促使我们不得不思考至少是两个极为重要的文化问题：其一，“波士顿儒学”作为一种地方性知识究竟具有多大的普世意义，甚至仅仅限于西方文化学术的范畴来看，它是否且具有多大的代表性？其二，倘若“波士顿儒学”不仅在西方学术和文化语境中具有普世意义，而且其普世意义超出了西方语境而可望显现于当代中国文化学术语境之中，那么，这是否意味着朝晖教授对西方中国研究的“隔靴搔痒”指摘不能成立；或者反过来说，假使“波士顿儒学”的研究并不具有任何普世意义，是否就必然成为朝晖教授上述指摘的有力证据？综合这两个问题概而言之，我们究竟应该如何看待西方的中国学（不只是儒学）研究的学术意义？

“波士顿儒学”是美国波士顿地区儒学研究者学术群体的自我标榜。杜维明先生曾经在多个场合将之称为海外中国研究或儒学研究的“地方性知识”。我大体认同这一说法。只是我们需要再仔细辨明两个不同的概念：一个是“儒学研究在波士顿”（Confucian Studies in Boston）；另一个是“波士顿学者的儒学”（Bostonian Confucianism）。这两个概念都可以包括在“波士顿儒学”的大概念里，但含义却大有不同：前者是纯学术意义上的，因而跟朝晖教授所讨论的“学统”问题密切相关；后者却不只是学术意义上的，关乎我所谓“道统”。从朝晖教授的书中，我们可以很清楚地见出，实际上“波士顿学者的儒学”并不是一个严格的概念指称，因为波士顿地区的各位儒学研究家对中国儒学的研究方法和他们对儒学的阐释、理解和评价都各有千秋，见解并不相同，有许多见解甚至差别甚大。很显然，Neville 研究儒学的实用主义视角同 Berthrong 和杜维明等学者的宗教哲学视角便大相径庭；Peter K. Bol 将儒学和新儒学放置在所谓“变换了的时空”之中的做法，也很难获得 P. J. Ivanhoe 这样强调儒学“正统”合法性和经典儒学的学者的支持。因此，所谓“波士顿儒学”最好还是被看作“儒学研究在波士顿”或者“波士顿地区的儒学研究”。这样看，朝晖教授选取这一学术共同体的儒学研究作为自己探究当代中国“学统”问题的异域镜像，的确是很合适的。

可是，由于波士顿地区的各位儒学研究家都秉持着各自独特的学术旨趣、学术视角和学术方法，实际上并没有形成哪怕是较为松散的系统——同高度严格统一相对——的学术共识，他们或者期待孔子与耶稣都能够穿越他们各自不同的文化时空隧道，相遇于某种形式的现代文化的交际平台；或者用明显带有美国文化色彩的眼光——比如，实用主义——来重新审视中国儒学；或者如新儒家学者们所普遍期许的那样，指望运用现代新学的方法和概念，实现儒学的现代化转型，甚至祈求从传统儒学中找出诸如现代民主政治一类的现代价值；如此等等。这就不仅打破了人们对“波士顿儒学”这一地方性知识的任何普世主义的学术(知识)期待即所谓“学统”期待，更不用说所谓普世主义的文化价值期待即所谓“道统”期待了，而且也使得“波士顿儒学”自身作为地方性知识成为了一种可疑的知识想象了。看来，对于域外的“文化之镜”确实需要保持某种文化警惕，在借鉴任何“文化他者”的时候，有必要首先弄清楚我们所选取的“文化之镜”是否具有折射自我文化镜像的真实光普功能，不能拿着哈哈镜当化妆镜，或者把显微镜当成放大镜来看。否则，不仅会误识“文化他者”，也会看不清真实的“文化自我”。

然而，这是否就能够成为我们拒绝任何“文化他者”的正当理由，我想不能！简单拒绝见识和学习“文化他者”远非成熟健全的学术姿态。没有参与同各种异域文化传统和学术传统的相互竞争和相互学习，就不能历练自我文化的调适能力，自然也无法改进我们的学术研究，最终会让我们的“学统”变成一种自我封闭的，甚至孤芳自赏式的学术自恋。纵然是面对不善的“文化他者”或极为陌生的“学统”，我们也不能丝毫缺少文化宽容和学术学习的胸襟和态度。说得直白而坦率一些，就像我本人并不能完全读懂，或者部分读懂了也不能全然接受方朝晖教授的这部新作，但我依旧不能采取任何傲慢无视的态度，相反，只能或者应该采取虚心学习的姿态一样。话说到此，我必须向方朝晖教授本人和本书的读者老实交代：我未能精读这本书的全部，好些地方尚不能很好地把握作者的真言大义。因此，促使我勉力写出这篇书序的全部动力与其说是学识的，不如说是学术道义的。我想，这或许是基于我自己对“文化他者”的理解所可以采取的一种学术方式吧！至于朝晖教授本书的探究是否找到了走出古今中西之学术迷宫的“法门”，我不便也不敢妄加断论，需要各位读者和专家仔细体会。我是一个不时会越出学术理性的学习者，有时甚至产生这样的情感想象：假如有一天，生活在这个星球的所有人类都回归于自然和大地，都能够清醒地意识到我们所有人——不论属于哪一个民族、哪一个时代、哪一片土地，也不论是权贵、富贵或者平凡、贫贱——都只不过是在这片神奇土地上自然地摆渡生活、延续文明的自然生命，那时候我们也就用不着为走不出这座人为的文化迷宫而苦恼不堪了，甚至连所有的人为设置或自造的各种迷宫也都自动消失了。

乙丑岁末谨识与京西悠斋

《学统的迷失与再造——儒学与当代中国学统研究》，陕西师范大学出版社 2010 年版。原文刊于《文景》，2010 年第 1—2 合期。

资本的附魅与祛魅

——序刘琳《〈资本论〉的经济伦理思想研究》

在现代社会里，大概没有什么能够比“资本”这一极具普世意义的价值符号，具有更为广泛而深刻的思想影响力和生活渗透力了。同样，在近五百年的现代思想史上，也没有哪一位思想家和理论家，能够像马克思这样以其革命性的思想和科学系统的理论对现代世界产生如此广泛而深刻的思想影响和实践影响了。耐人寻味的是，在马克思和“资本”之间，或者说，在上述两个最富有思想内涵和学术价值的研究主题之间，竟又有着如此深刻而密切的思想关联，以至于任何有关“资本”的思考和探讨都不能不涉及马克思，而任何有关马克思的思想和理论研究，也都不能不涉猎“资本”问题。其所以如此，盖因如下基本事实：自“资本”问题随着近代市场经济浪潮席卷现代社会以来，似乎还没有哪一位思想家和理论家——无论是在经济学领域，还是在哲学领域，抑或在其他人文社会科学领域——能够像马克思及其《资本论》这样，对“资本”问题做出过在思想的深刻性、理论的完备性和系统性，以及思想理论的科学性，甚至于语言表达的融贯精辟性等方面，足以同相媲美的研究，只要人们不抱任何文化、学术、理论、意识形态方面的偏见，大概很少有人能轻视和忽略——当然更谈不上否认——马克思的《资本论》所具有的这种权威经典的地位。

因此，从理论或学术研究的视角来看，选择马克思的《资本论》作为研究课题，不仅具有极高的主题化价值，而且也是一件极具理论挑战性的工作，因此其理论意义之大和学术价值之高自然也就不言而喻了。限于我自己的学力，虽然我曾经两次系统阅读过马克思的《资本论》，也在大学和研究生期间选修过相关课程，仍然不敢涉足这一课题，尽管我一直都心向往之。事实上，同样是限于自己的见识，我也很少看到或读到过国内有关《资本论》研究的系统著述，从经济学和哲学方法论角度的相关研究拜读过少许，但从伦理学和社会学角度的研究却十分罕见。而在我看来，这两个学科的视角研究似乎是我们研究《资本论》所不可或缺的，在某种意义上说，比如，从马克思的社会批判理论之整体风格和特征来说，这两个方面的研究甚至应该是最为重要和关键的。就此而论，刘琳博士的这部《〈资本论〉的经济伦理思想研究》①的成就和出版，当是一件值得国内哲学人文社会科学界关注的学术事件了，这也是我不惧门外汉的尴尬而大胆应承其请为之书序的主要缘由所在。

刘琳博士对《资本论》的研究是从经济伦理的特殊视角切入的。在我看来，这一视角也许是比较切合马克

① 刘琳:《〈资本论〉的经济伦理思想研究》,安徽大学出版社 2008 年版。

思研究资本问题的原初立意的。“资本”首先是一个典型的经济和经济学范畴，其一般意义——按照我个人初浅通俗的解释——就是指具有经济再生价值的一般价值物，也可以简化为“能够生钱的钱或物”。然而，马克思对“资本”的研究却不仅仅是经济或经济学的，同时也是社会政治的和道德伦理的，甚至是社会批判性的。在《资本论》和《资本论》手稿中，马克思已经在系统地运用自己所创造的历史唯物主义辩证法原则，不仅从近代社会的经济活动和经济关系本身，分析了资本及其运行的逻辑，而且也将之置于历史唯物主义的宏大视野之中，通过批判地分析资本自身的运行逻辑，深刻地揭示了“资本运行的伦理”，又在“资本运行的逻辑”与“资本运行的伦理”之间的紧张中，发现和提出了他最著名的学说之一：剩余价值学说，由此揭示作为劳动主体的工人与社会所有制或资本主义社会基本经济制度之间的根本矛盾和冲突，最终推出无产阶级革命和资本主义必然灭亡的革命性结论。因此，马克思的“资本”研究本质上是透过资本主义社会的“资本运行逻辑”，揭露资本主义社会的阶级剥削和阶级压迫的实质，揭示资本主义社会的根本矛盾和必然宿命，从而为其无产阶级的革命理论找到了最具有根本意义的分析理据和正当合理性的论证的。这其间，资本的市场运行逻辑、“资本运行的伦理”，以及由前两者之间的根本张力所推导出来的无产阶级对资本主义社会的革命的政治结论，既是相互交织的三条线索，也是“三位一体”式的完备的理论体系。这一点，为刘琳博士的《资本论》的经济伦理研究预备了广阔而深厚的思想矿藏和理论发挥空间。

众所周知，马克思开始其“资本”研究时，已是他人生的中晚期，事实上，他生前甚至没有能够完成整个《资本论》的整理出版，该书的后半部分是由其思想与人生的盟友恩格斯在他死后整理出版的。正因为如此，后人对《资本论》后半部分的原始确切性至今尚存争议。最近，日本以高价购得马克思《资本论》的全部原始手稿，并汇聚了日本本土和欧美、东亚等国家和地区的《资本论》研究者，准备重新出版马克思《资本论》的全部原始稿及其日文翻译本。这自然已是题外话了，我只是想借此说明，对马克思《资本论》的完整研究，实际上应该包括最初出版的由恩格斯整理完成的《资本论》原书、未编入恩格斯整理版的《资本论》(原始)手稿，以及后人对前两部分研究的典型代表作共计三大部分。刘琳博士的研究之所以比较完备，正在于她广泛涉猎和仔细研究了上述三大部分，从而获得了一幅较为完整清晰的《资本论》的经济伦理思想图像。

以我初步的读解观之，刘琳的专著很好地把握了马克思《资本论》的社会批判理论特征，首先梳理了马克思对“批判的政治经济学”——以亚当·斯密、大卫·李嘉图和西斯蒙第为代表的近代西方古典经济学——的批判分析，指正了“批判的政治经济学”只见物不见人的根本缺陷；接着，又考察了马克思对“庸俗的政治经济学”——由马尔萨斯、萨伊和约翰·穆勒所代表的 18 世纪晚期和19世纪初期的西方政治经济学——的批判，揭示了“庸俗的政治经济学”虽然触及一般的人却没有看到由社会所有制导致的阶级分裂——拥有资本的资产阶级(富人)与一无所有的无产阶级(穷人)之间的分裂的根本局限。不仅如此，本书还沿着马克思的批判性反思理路，批判地分析了马克思之后，马歇尔、凯恩斯和庇古等现代西方经济学家对资本主义的经济学辩护。由此，本书也将其对马克思的《资本论》之经济伦理思想的研究，放置在整个近现代西方经济学的思想发展脉络中，从而获得了历史与现实的二维视野，为其主题研究做了坚实的理论铺垫。

本书的第三、四、五章，大概是全书的主体和重心。作者发现，马克思对资本的研究实际上是沿着两条主线而展开的：其一是针对“批判的(古典)政治经济学”见物不见人的根本缺陷，从“现实的人”入手，展开对资本主义经济关系的社会历史分析，批判地扬弃了曾经使用过的“人—异化”的道德伦理的批判方式，揭示资本及其运行逻辑背后的社会本质，这就是资本主义社会的所有制所决定的剥削与被剥削的经济关系，以及由此种对立的经济关系所导致的压迫与被压迫的社会政治关系本质。其二是通过资本主义社会的劳动关系和资本积累(所谓“资本的螺旋式上升”)的推演算计，揭示资本运动中的伦理关系。马克思尖锐地批判了资本主义社会里普遍存在的“拜物教”现象，包括商品拜物教、货币拜物教和资本拜物教，不仅客观翔实地描述了资本主义社会伦理关系“是怎样”的真实情形，而且深刻地指明了建立在社会经济关系之基础上的人类社会的伦理关系“应该怎样”的理想目标。马克思指出，由于资本主义社会的经济所有制本身是不平等的，甚至是对立的，资本家与工人，或者说资产阶级与无产阶级之间的矛盾和冲突不仅不可避免，而且必然导致社会革命。通过对劳动、社会分工、市场竞争、资本积累等基本经济环节的科学分析，马克思发现了资本主义社会“剩余价值”产生的秘密，确证了资本主义社会条件下“资本运行的伦理”本质：经济剥削及其导致的社会（政治）压迫。

难能可贵的是，本书在大致完成对马克思《资本论》之经济伦理思想的主题研究之后，并没有仓促收笔，而是以强烈的社会现实关切将其主题研究延伸到对当代我国社会主义市场经济条件下的经济伦理问题的思考，尤其是对“资本”及其道德伦理意义的思考。作者一方面援用了丰富的“中国经验”，来阐发“资本”的社会伦理内涵；另一方面，作者还从伦理学和社会学等多学科的交叉视角，透视和阐发了“社会资本”和“道德资本”等新的理论概念及其现代解释意义，从而为读者展示出一幅较为广阔深远的“资本”之经济伦理研究前景图。以我主观地猜测，这或许是作者有意识地向我们暗示自己今后继续研究的路向和目标。当然，作为一部宏大主题的专题研究，本书也还有一些需要继续深究和改进的余地，其中，有些问题很可能还是难以轻易解决的疑难问题。比如，时下一些经济学或马克思主义理论研究者们就提出，马克思的“剩余价值论”和“劳动价值说”及二者之间的理论关系究竟该如何理解，“资本”在社会主义市场经济中的作用和意义又当如何解释，“资本”及其运行的“伦理”意义是否还有新的解释，“道德资本”或“伦理资本”一类的新概念究竟如何确立，甚至能否成立，如此等等，都不是能够毕其役于一书一文的重大课题，需要做长期艰苦的探究。我想，无需我在此提示，刘琳博士一定对这些问题有足够清晰的理论意识和学术研究计划。

如前申言，我既非《资本论》的研究专家，亦非马克思主义哲学和伦理学研究的专家，作为一个十足的门外汉，我对刘琳博士的专著的解读肯定也是既粗浅又不得要领的，倘若偶尔触及本书的一鳞半爪，那就足以让我喜出望外了。我有幸参加过刘琳的博士论文答辩，实话说，那次答辩的过程更多的是我的学习过程。我知道，刘琳博士和她的导师王小锡教授都是国内经济伦理的研究行家，也都专注于马克思的《资本论》研究经年有成，本书就是在刘琳同志的博士论文基础上修改而成的。所以，当她请我为之书序时，我既颇感意外，也深感荣幸，当然更感心虚。坦率地说，由我这个门外汉来为之书序并不适宜，我也因此犹豫不定。为此，我提出了一个前提性的条件：若她的业师王小锡教授先为之书序且同意让我唱和附雅，我愿意一试。结果，刘琳博士告诉我，其业师的序言早已写就。学兄王小锡教授也来信鼓励我一试身手，于是便有了这篇小序。几年前，我有幸在井冈山全国伦理学年会上结识刘琳博士，她的聪颖、睿智和诚恳给我留下良好的印象。作为王门高徒，她的学业自然是可以寄托高远期待的，但在去年的博士学位论文答辩会上，她的文才与华彩仍然让我感到意外，此次读到她的专著，更让我有了数日不见当刮目相看的惊异。就此而言，能够为这位难得的才女之佳作写几句话，也算是我三生有幸了。

呜呼记之，且为序。

戊子年盛夏夜急就于京郊悠斋

刘琳：《〈资本论〉的经济伦理思想研究》，安徽大学出版社 2008 年版。

生死有结无了时

——序靳凤林《死，而后生：死亡现象学视阈中的生存伦理》

没有人会乐意或无故谈论死亡，正如没有人无故或甘愿遭受痛苦，尤其是那些活得滋润快乐的人。据说，中国文化先天就具有安命乐生、重生轻死的传统，即便是讲究“清静无为”和“顺生”（顺应自然而生活）的道家，也绝少奢谈死亡，给人以很深印象的反倒是山林风竹间那炼丹炉袅袅升腾的轻烟所托起的关于长生不老的生之梦幻。这与佛教（尤其是藏传佛教）和基督教的文化传统形成鲜明对照。佛教似乎重死远甚于重生，讲究人生的“轮回”和“转世”（以另一种方式或命体再活一回），主张“向死而生”。基督教讲究生之苦难与死之救赎，耶稣以一死而度众生，展示的是世俗生命（即生活。在西语中，“生活”与“生命”是同一个词）在“十字架”下的神圣超越和美丽想象。甚至，古希腊哲学也对死的问题采取了一种他们所一贯擅长的“辩证”姿态：苏格拉底用充满期待的语气说，死亡是福；柏拉图相信，唯有人的灵魂才能不朽；而亚里士多德则坚持认为，作为生命“形式”的灵魂或精神远比作为生命“质料”的肉体根本和重要。

可中国的先贤们大都不这么看。孔子提醒人们，我们连生都弄不明白，哪里还顾得上去琢磨死的问题？好好地活是中国人关切的第一要义，甚至是人生哲学的全部意义。如果“生”逢其时且“活”得其势，比如，做了皇帝天子，成天在三宫六院、三千佳丽中体验人生，在前呼后拥、把酒逢迎间感悟人世，那么“我真的还想再活五百年”就绝对不只是当前夸张成性的电视剧里的歌词修饰，而是一种再真实不过的乐生、恋生、永生之心理意识的自然流露。

当然，重生还是重死并不是衡量或比较文化传统之优劣好坏的价值尺度。我只是想说，人之死同人之生一样都是人生大问题。所谓“生死攸关”不能被理解为死是生的最大风险，或者，死是人生最大的恶，而生则是人生天然的善。哈姆雷特的问题“生或者死”(to be, or not to be)代表了西方文化对生死大问题的悲情反思，而我们和我们的文化则多少欠缺这种悲情反思。静静地想一想这个问题或许并无不益。

一、生死有结

记得早先在北京大学读书时，曾听到过一则传说，曰：母校两位名家长者同时就医住院，且相邻而居。毋庸讳言，年迈者居留医院多少会有德国哲人海德格尔所谓“临终此在”或“向死而在”的心情，这是我爷爷临终前在医院的病榻上对我讲过的。只是这两位睿智长者不同常人如我爷爷，他们一位是佛学大师，另一位是马列专家。所以，即使他们高龄住院，仍能心如平镜止水，言若春风柳絮。耐人寻味的是他们关于宗教的对话，信奉无神论的马列专家有问：宗教能否长久存在？若能，其因为何？当时之际，学禁初开，此等问题仍然过于敏感，佛学大师欲言又止是完全可以理解的。问者当然心领神会，提议效法瑜、亮论破曹之策的方式，以击掌对答，结论则应了一句中国的老话："英雄所见略同"。两位长者相视而笑，继之窃窃地商谈起答案的因由。据说两位最后达成的理论共识不少，其中之一大意为：生死有隔，且不可通约，故宗教——无论以何种形式出现——将得以长留人间。

说来颇有几分机缘，我自己不仅有幸听到了这则意味深长的传说，而且还被动介入此等宗教问题的苦思冥想中来。三年前，门下靳凤林欲以死亡为题作文，申请博士学位。起初，我颇多顾虑。但我这个人的毛病就在于经不起劝说，几经疏通也就不再固执己见。最后，未曾想到凤林君竟以洋洋40余万字的大作成就是篇，题名为《走向本真的存在——死亡问题的现象学探究》，匿名评审的结果亦出乎意料的好。现在，他又将之付诸刊印，并嘱余为之一序。今重读其文，不禁又一次想起上述传说来。

"生死有隔"的说法确乎不谬。但从超乎自然命体的向度看，似乎又不尽然。比如，在当代著名神学家莫尔特曼(Jurgen Moltmann)的"整全终末论"视野里，生死瞬间一线牵，彼此隔世结犹在。凤林自己的研究更是在不断地暗示甚至是警示我们：人之死不仅内在地关乎人之生，而且在人的文化本性上，人之死甚至先于人之生，正是因为人性化了的人先有了死亡的生命意识，才使得人采取了不同于其他自然物类的生的姿态和生的方式，确立了人不同的生存信念，将生命的“生”转化为了人类文化创造的“活”与“动”，此谓之人的“生”“活”。我好像理解了凤林的意思，所以，当他请求我为他的论文出版换一个书名时，我便想到了“置死而后生”这句老话，加上点修辞学的处理(我必须坦率地承认，其间多少有些后现代式的语词修饰意味!)，最后将其大作命名为《死，而后生——死亡现象学视阈中的生存伦理》。

不知我这样理解是否切近凤林的本意，当然，即使这是一种比较切近的理解，也还只是直觉意义上的。凤林对人之死亡问题的领悟和研究相当深入系统，远非我寥寥数语所能表达。据我所知，进清华之前，凤林就已经发表了不少关于中国文化哲学中死亡观念的研究成果，有专著和为数甚多的论文证明。进入清华后，他想转向西方文化哲学中的死亡观念研究。我读过他的一些相关旧作，对其思想史或观念史的梳理解释功夫留有不错的印象。同时我又觉得，梳理和解释中西文化和哲学中的各种死亡观念及其流演还远远不够，需要更进一步。

生死问题的确是个天大的问题，我们每一个人时刻都必须严肃面对，认真思考，仔细料理。海德格尔说得对，我们时刻面临着死亡，死是悬临于我们头上的生命之剑，从本真的意义上说，人不过是“向死而在”的“此在”。对于这样重大的问题，仅仅有经验和观念的历史解释当然是不够的，需要给予它某种具有实在意义的——哪怕仍然是不充分的——理论解释和意义说明。因此，我建议凤林“胆子更大一些”。事实证明，凤林是能够承诺学术期待和理论责任的。经过三年多的努力，他终于初步完成了他自己的“死亡现象学”建构，提出了一个相当系统的“死亡现象学”理论框架，无论他的理论建构是否成功，作为一种探索性的理论尝试，在当今中国文化和文明语境中谈论死的问题，其学术意义和实际价值已是不言而喻，至少我是这样认为的。

二、生，而后死，或者，死，而后生

按照靳凤林君的思路推理，似乎可以得出这样的结论：死不是生之结果，而是生之原因，因为正是人对于死的意识本身影响到他或她决定如何生。这一推论及其隐含着的必然结论，与我们大多数人的经验感受或逻辑常识多有抵牾：有生才谈得上死，没有生，何谈死？每一个人的人生经历都是从生到死，怎么会由死到生？这的确是个问题，但却是个形而上学问题！需要给予人生哲学的解答。

从生命科学和医学的角度看，生而后死是再自然不过的科学结论，无论是用心死亡的标准，还是用脑死亡的标准，抑或是用心和脑一道死亡的标准，这一科学结论都是可以得到检验和证实的，而且毫无疑问。然而，如果换一个或几个角度看，结论就没有这么简单，要不然臧克家先生便不会说：有的人死了，却还活着；有的人活着，却已经死了。臧先生的话搅乱了人之生死的界限，也给仍然活着的人们提出了一个看似有些后现代主义色彩实际却非常具有现代道德理性思考价值的大问题：人之生死的证明不仅远在生命科学和医学之外，而且远在生命者自身的掌握之外！

显然，臧先生的生死观是道德伦理意义上的。只有从道德伦理的价值角度来看，人的生死之间的界限才会变得如此模糊，如此倒错，生死的意味才会变得如此短促却永恒，永恒却短促。草木的枯荣或动物的生死或许不致如此，除非从现代生态伦理学的角度看。因为人类的记忆、文字、语言、想象，尤其是因为人类的是非真假判断、善恶美丑情感和天堂地狱一类的观念，使得人类有足够的理由——理性的与非理性或超理性的、经验的与超验的、现实的与历史的或理想的，或者个体的与集体的、族群的与公共的、特殊的与普遍的……如此等等——相信，人活着并不是一种简单的营生，而是一种意义的创造，只是这意义既有大小、轻重、长短之不同——毛泽东有过“轻于鸿毛，重于泰山”的比喻；也有相关的对象之不同——之于自我，之于他人，之于家人，之于种族，之于国家，以及特别是之于人类本身。

即使就个体的肉体生命而言，生死的意义也非同小可。18世纪至19世纪，有两位著名的德国哲学家、伦理学家曾经专门讨论过自杀问题。康德反对任何形式和理由的自杀。他的反对理由非常彻底：每一个人的生命都不只关乎他或她自己，更关乎整个人类。如果自杀成为了纯粹的个人事件，则每一个人的自杀都是可允许的；如果一个人可以因某种或某些原因(理由)自愿地结束自己的生命，则所有人的自杀都是可能的。如此，人类的存在本身就真的会成为生死攸关的问题。这一逻辑推论并非虚妄，因为现实的生活世界不可能没有邪恶，人们也就不可能经历没有痛苦的生活，而任何一种生活的痛苦或者现实的邪恶都有可能成为人们不想活或者不愿意继续活的理由。正是在这一意义上，每一个人的“生”与“活”本身就是一个伦理事件。兹事重大，关乎整个人类的生存绵延，所以绝不可掉以轻“生”！

康德的担忧仿佛被他的后人证实。另一位德国人生哲学家叔本华恰好与康德相反对。叔本华争辩道，人之生的确只是一种痛苦和煎熬，既然生不如死，以死了生就是一种最好的选择。更何况，人之生死乃是一个绝对个人的私事，只能由生命主体自我决断，与他人或社会无关。而且，比死亡本身更重要的是死的方式：人可以在痛楚、煎熬、压迫、恐怖中死去，也可以在“无可奈何花落去”的哀叹中死去，还可以在自然事故中意外地死去，但这些都不是真正的人之死。人之死是一个极其深刻的哲学事件，或者干脆说，人真正有意味的死亡方式是哲学和宗教的方式，即在人真正参透苦海无边的人生真谛之后，意志地或自愿地选择结束生命的方式，而且这一方式的操作必须是从禁欲开始，以彻底根除性欲这一最原始的本能冲动来了结生命而告结束。因为，性欲的冲动不仅是生命痛苦的欲望之源，而且也是人之“生”“活”最顽强的力量之源(参照弗洛伊德的性心理学和本能自我学)，更是延长人类生命痛苦的传薪接种之源，故必根除此欲方能将人类的生之欲望消灭干净。叔本华的死亡哲学确实是印度佛教的德国翻版，事实上，晚年的叔本华也的确在心理和精神上皈依了佛门，而作为哲学家的叔本华则整个颠倒了康德的人生哲学。

不过且慢！仔细品味叔本华的死亡哲学，你会发现他对人之死的意义体悟比包括康德在内的任何一位哲学家都要敏感和强烈，差异只在于，康德更善于从积极的方面去理解人之生，将人之死看作伦理事件；而叔本华则更善于从消极的方面去理解人之死，把人之生当成了哲学事件。可问题恰好在于，人之生与人之死、人之生死的积极理解与消极理解，以及无论是把人之生理解为哲学事件，还是把人之死理解为伦理事件，原本都是人类生存意义及其理解的根本方面，因而康德与叔本华只不过是以各自极端的方式证明了人之生死意义的重大而已。如果说，康德是想告诉我们生命不能承受之轻——每一个人的生都关乎整个人类的生，因此没有人应该轻而易举地或无牵无挂地死；那么，叔本华则是想让我们明白，其实生命也有不能承受之重——在人类的生命世界，没有人能够无痛苦地生。

靳凤林是书中对人之死的理解显然更接近于康德而疏于叔本华，但他所采取的理解路径却又不同于康德。虽然凤林同样把人之死看作一个伦理的事件，可他的理解有着一种明显的价值目的论特征：人的死亡意识是其生的创造性动力。正因为人自觉意识到了人终有一死，所以才格外珍惜生之可能，而此种珍惜人生的价值意识支配着人创造人生，以便尽可能发挥人生潜力并创造人生辉煌的整个行动过程。所以，凤林君有意无意地遵循了弗洛伊德的推理原则：将人的某种意识、心理或本能看成人类行动的基本动机，然后推导出此一动机激励下所可能产生的行为后果。弗洛伊德说，一旦人们把性欲的本能冲动转换为创造性的文化动机，前者就可能转换为人类文明和文化的创造之源。凤林君用近似的口吻告诉我们，当死亡意识成为了人之生的动力，它就会促使人将死之预期转换为生之创造，从而成为人类文明和文化的创造性动力。可见，凤林的死亡观立基于人生价值目的，这与康德将自杀(作为一种特殊的死亡方式)看作一种关乎人类整体生存的伦理事件还是很不相同的。很显然，在康德那里，死的问题是一个关乎他人、人类社会和人类生存前景的道义性问题，而不是一个仅仅关乎自我生命创造的价值目的问题。

我无意在康德与叔本华，或者在康德与靳凤林的死亡观之间进行价值评价意义上的比较鉴别，事实上我也不能做到这一点。我的上述刻画或描述仅仅是想把我前面的看法再推进一步：人之生与人之死不仅无法截然隔开，而且在一种非生物学或者非自然生命的意义上，死而后生很可能是一种比生而后死更为沉重、更为严肃、更为深刻，当然也更有伦理价值意义的生死姿态。不过，这样说很容易让人产生一种过于严肃主义（rigorism）的伪道学印象，我知道，在游戏人生已然成为生活时尚的今天，这样的说辞早已不合时宜。只是我觉得，即便是游戏人生也还存在游戏心态和游戏方式的问题。

三、"endgames"（结局游戏）的心态与方式

人之生死确实更像一场无始无终的"结局游戏"，关键看你如何看待生，又如何看待死。"结局游戏"是我对英语中"endgames"一词的硬译，词典上有解为"残局"种种。以我的理解，"残局"虽然近乎"结局"，但游戏仍有得可玩，若像张飞遇马超，舍尽昼夜三百回，也还可继续大战下去。

没有人能够把死亡当作一个纯粹的个人事件，因此任何人都应当认真地对待自己的生活。认真对待不单单是一个珍惜生命的问题，也是一个重视死亡的问题。一个人的死，首先当然是意味着他或者她的生命（生活）的结束，可是他或者她的死总会直接或者间接地影响到许许多多的人和事。亲人会为之悲痛、哭泣甚至痛不欲生，朋友会为之扼腕悲叹，如果他或者她的生牵涉广阔，其死还会引起族群、社会乃至人类世界的关注，悲

痛或者快意，伤感或者舒心，如此等等。所以，人之死常常会把死者的个人事件变为生者的公共事件，死者个人的结局游戏并不会随着他或者她的生命结束而结束。悲痛者的眼泪，叹息者感叹，仇恨者的窃笑，以及庄严肃穆的葬礼，无穷无尽的纪念，甚至被寄予永恒与不朽意义的丰碑，都可能使得一个人的“死”变成无数人的“活”的行为，变成没有终结的结局游戏。所有这些游戏形式的实际意义并不是为了死者的死，而是为了生者的生，或者是为了死者的再生。所有这一切都加重了人之死的分量，使死的问题更加值得重视。

人们也可以把这一切看作附加在人之死亡事件上的额外因素或外在意义。事实上，许多经验事实也说明了这一点。比如，在我国南方某些地区的民间葬礼上，我们时常见到类似于专业化的哭丧代理者，他们被死者的家属或者亲人请去，在隆重的葬礼上代理死者家属或亲人哭丧，只要死者的家属或亲人告诉他们有关死者的生平事实，他们就可以挥泪号哭、惊天动地，把死者哪怕是极为平凡的人生哭赞成永垂不朽的人类功德，用他们的哭丧技巧将死者的葬礼演变成不朽者的赞礼。在我的老家洞庭湖周边地区，还流行着一种被称为“丧棒鼓”的葬礼演出，也有类似的功能。我不谙民俗学知识，不知道这类民俗起源何时何地，也不懂它究竟有什么更深奥的讲究。我只是想说，无论这些哭丧代理者的表演技巧何等高超，都无法代替失去亲人的人们内心真实的感受，后者的泪与哭不可能是附加的，毋宁说，它们属于死者之死亡游戏的内在构成部分，因为它们的产生是自然而然的，死者的死是生者流泪哭泣的原因，或者反过来说，生者的泪与哭是死者之死的必然结果。

当然，死归根结底是死者必须独自承担的事，死者之死与生者之生的相互牵涉只能作为人应当重视死亡问题的社会伦理证据，而比这种社会伦理证据更为重要的是死者生前对待死亡的态度和方式，将之一般地转换为人生哲学表述，也就是人对待或处理死亡的心态与方式，这是个人死亡的道德问题。人之死怎么会成为一个道德问题？人死如何获“得”(众所周知，在古汉语中，“德”意味着“得”)？在诸如萨特这样的存在主义哲学家看来，死仅仅意味着失却。自由只属于活着的人。我的死意味着我失去了全部自由，或者，将自由的可能性转嫁给了仍然活着的他人。因此死只能是自由的绝对丧失，因而是绝对的恶。但海德格尔不这么看。他认为，人原本就是“临终”的“此在”，死并不是“此在”的消失，而是其生存意义充分展开的最后时刻。因此，人应该无畏地面对死亡，“向死而在”。借用中国先秦原始儒家的术语来说，毅然赴死是实现“此在”(人)之“天命”的非常时刻！如此，人之死就不是失却，而是人生美德的最后获得。

中国藏传佛教的死亡教义中有所谓“中阴观”。“中阴”意指由生到死的中间过渡阶段。藏传佛教的“中阴”死亡观念，实际是生者的死亡演习，其意义在于通过特殊的宗教仪式(如“羌姆”——“死亡的中阴之舞”)

为生者展示死亡，以体悟人之死的真如实相，从而最终体悟人生的真谛。在藏传佛教乃至所有佛教中，人之死不是生命之恶，而是生命本然，一如人之生。生死轮回，善恶报应，人生本然，已在善恶之外。因此，佛教从来就不以生喜，不以死悲，反倒是以死度生，最终将生死置之度外。用今天世俗的眼光看，这可真的是一种再轻松不过的结局游戏心态了。可惜人类不可能都成为佛教徒，即使是佛教徒也无法告诉我们死后的生命如何轮回，“羌姆”的展示是否真实如死。如果说人之生不能承受之轻，那么，人之死也不能承受之重。

视死如恶也罢，视死如得（德）也罢，视死如归也罢，生死间的勾连都是密不可分的，能够分别的只是对待和料理生死的姿态与方式。这又让人想到现代人所发明却又争论不休的“安乐死”“临终关怀”“死亡标准”一类的“死亡游戏”形式。从千方百计地求生、乐生，到想方设法地避死、乐死，现代人真可谓用心良苦。究竟是自然死亡符合道德，还是人为地安乐死亡更符合道德，其实是一个难以确定的问题。原因在于，当人之死和人之生一样已经被人类演绎成为道德伦理问题时，死亡就不再是死者或将死者自身所能选择和决定的问题，而是一个需要由社会或他人来给予决断的问题。孝子贤孙无法坦然地在医院实施安乐死的手术单上签上他们的名字，法律和政府也难以替代他们做出决断，即使最有权威的医生也无法用医学的科学理由（理性）裁断，将死者的生命是否值得用哪怕是代价极小的医术来尽力挽救。生命无价，这是现代人道主义关于人的尊严和生命权利的真理性答案！因此，寻求和确定科学的“死亡标准”其实远不如“临终关怀”意义重大。

于是，剩下的唯一可能是，让我们寻找某种或某些较为可信且可行的人生结局的游戏方式，以便使我们的死至少不至于成为活着的人们饭后恶意的谈资甚至无聊的话柄，至多有可能成为人类生活意义之链的一个小结，就像竹林间的一阵清风，草原上的一滴雨露，或者沙漠里的一洼浅水。这样说来，《死，而后生》所表达的将死之意识转化为生之创造的理念，虽然多少有些过于积极和乐观，却也不失为一种可信且可行的生存伦理。

深深地祝福每一个活着的人！

且为序。

2004 年 12 月 6 日至 8 日草成于北京悠斋

同年 12 月 9 日深夜改定于长沙岳麓山下湖南大学集贤宾馆

靳凤林：《死，而后生：死亡现象学视阈中的生存伦理》，人民出版社 2005 年版。

跋：欲言且止几春秋

最近十余来年，我几乎成了一个地道的学术流浪者：没有了清晰既定的目标，也少了许多曾经的激情，更没有了往日焚膏继晷的学术姿态和工作状态，只剩下不断迁就于交际应酬和直觉反应式的学术游荡，当然还有不得不勉力坚守的职业工作。偶尔有所清醒，也惊异于自己这样的学术生活状态，时而禁不住自言自语，可多半时候也是欲言且止，止而还说，不知道究竟该如何是好。大概唯一可以聊以自慰的是，人到中年，不必总是急急匆匆，该歇脚时歇歇也罢！

人在旅途，歇脚终究只能是暂时的，前方的路一望无穷无尽，直接天岸，回首却是苍茫如烟，不见踪迹。眼前，时而旷野茫茫，时而大漠苍苍，偶见瞬间的一抹青翠华菲，或闻三声猿啼，一阵雁叫，以及难得一见的风轻云淡，蝶舞影摇。漂泊既久，回家似当必须，他乡没有烈酒，没有问候。可归途何在？几年前返回岳阳老家，随家亲老友重上岳阳楼，“往来总归故里，忧乐重上心头”的感慨油然而生。或许，自然地理学意义上的重游或者回归确乎总还是可能的，然而，文化地缘学意义上的重游与回归是否依然可能呢？我找不到答案。

曾经无数次设想过自己的人生和学术，却似乎从未兑现过曾经的设想。我设想过像父亲和先生那样，营造一座单纯而僻静的学术人生阁楼，欣然秋兴，独饮高楼，甚至也一直在探寻由中入西、由西返中或者从今而古、由近及远的自由学术之路。我知道，一切并不简单，更难随心所欲。因此，我选择了一种偷懒式的“捷径”去实现自己的梦想，这就是永远拜师学艺，做一个终生不毕业的学生，寻求老师或师父的指点教诲，循着他们指引的路前行。我甚至确信并公开申言：“学习是学习者永恒的美德。”我必须承认，我是一个缺少独立探险精神的学人，因此很少奢望创立自己的学术体系或者标榜自己的学术另类。我始终坚信，无论怎样，我们都不过是人类文化历史和学术世界中的一位普通传承者、学习者。诚然，优秀者或为路标，美德者可为桥梁，平凡者亦可为铺路之砾。

然则，保持学习者的姿态并不是放弃自己的学术独立和思想自由，毕竟大脑是自己的，言说或者写作是由我自己选择的。而且，除了作为学者或学习者，我们还是工作者或劳动者，重要的是，除了作为独立自由的学者，我们还是家庭、社会和时代的平凡一员，有着天然的或者被赋予的行动权利与行为责任。唯一不同的是，我选择了以学者或思想者的方式，去运用这些权利并承诺相应的责任和义务。明乎于此，近十多年来，我越来越看重自己的身份和职责，也就是作为我的本职工作的教师身份和教师责任，也因之越来越自觉且认真地——非比他人，仅仅相对于以前的我而言——履行我作为老师和学者的权利与责任。比如，在我遇到各种各样的工作任务或学术要求时，我渐渐确定并坚持把学生的要求置于优先地位。易言之，在我越来越多的承诺中，对学生的合理吁求的积极回应总是我第一优先考虑并努力为之的事情。我强调这一点绝非炫耀自己的“职业道德”，纵然韦伯意义上的“天职”(calling)确系我深以为然者。我的意思只是说，即使在我陷入思想彷徨或者学术迟钝的时刻，也要对自己的本职工作和文化身份保持一份足够的清醒与自觉。这是我的老师教授并传给我的最本真的学者美德。

由是，在我这些年来极少的文字作品中，竟然大部分都是为弟子著述序引，间或也有少量为友人大作序唱。感谢艳辉友君的盛情约稿！正是她的耐心催促和善意，让我勉力振作，克服慵懒，用心编辑好这本序言小集。我想说，从中国人民大学出版社到北京师范大学出版社，艳辉君数十年如一日始终关心并支持拙著的编辑出版，让我深感学术友谊的珍贵。同时，也要感谢门下刘佳宝、杨桦二位！应我的请求，他们不顾自己学业繁忙，费心费时帮我收集、打印、校对这些散发在《读书》《文景》《博览群书》等杂志上的文章，或是帮助我恢复其中一些有过删节的文稿。还要感谢靳凤林君，十多年前曾为其《死，而后生——死亡现象学视阈中的生存伦理》一序，但因我几年前失盗于比利时火车站，一部笔记本电脑和三个U盘以及一些十分珍贵的物品，都随我特别珍惜的意大利手提包一起“留”给了据说是来自东欧“曾经的社会主义兄弟国家”的“梁上君子”，因此包括一部用心写了八年且即将完成之专著在内的许多著述底稿和文献保存都被洗劫一空。自然，为凤林书所写的这篇序言也没了自存，此次编辑这部序集时竟然忘却了是篇，多亏春节前他来访谈及，并给我复印序稿，才得以侥幸拾遗补阙。我想在此说明的是，由于此次失盗，或许还有一些序言因无存底而未收入此册，对此，我只好请求相关人士体谅为盼了。

最后也是最重要的，我要特别感谢我为之序言的那些著述的原作者们！正是他们不凡的著述和洞见触发或启发了我，让我有所思、有所言、有所序。倘若拙序还能多少免于陈言俗见，那也应首先归功于他们的启发和引导。坦诚地说，于我而言，为序先为学。我所为之序的每一本书都给了我一次学习新知的机会，它们主题不同、各有千秋，让我有机会接触各种不同的新知识、新观念、新思想，客观上起到了“倒逼”我读书思考的作用，拙序中的一些看法和讨论若有所取，大都也是受这些专著及其作者们的启发而形成的，我只不过是做地道的“借题发挥”而已。这样说来，为弟子和友人书序实在是一件少赔多赚的买卖：赔的只是不多的时间，赚的却是新学智慧。职是之故，我应该再一次表达对这些著书作者们的真诚谢意！

收录在这本序言集里的篇什大体分为两类：一类是伦理学的；另一类则属于政治哲学。这与我近十多年来招收和指导博士生的专业取向直接相关，因为这些序言几乎都是应他们的要求而写的，属于应命之作的范畴，而内容则直接关乎他们的著述，源自他们就学清华哲学系时所选择的专业方向。近十多年来，我招收的博士生有30多位，基本上以西方伦理学或政治哲学为其专业方向。让我欣慰和感佩的是，他们的求学大都超出我的期许，学而有成甚至学有大成。同时让我略感不安甚或内疚的是，限于时间或其他条件，我只能勉强应诺他们很少的请求，更难达到他们对我的期望。好在我对他们有言在先：我之为序者唯限于两个前提，一是我学力所能及者，二是我读来有所感慨者，或曰，让我若有所思者。必须坦白，在学术探究上，不少的门人弟子已然远远地走在了我的前面，对于他们的作品，我不仅难以为序，也不应轻慢序之。这或许也是一条学术界的自然规律：曾经的教授者与学习者是可能随时换位的，也应该换位，唯其如此，学术方可持续和进步。而且，这种换位来得越早越好，应该被看作所有导师或者教师最为重要的学术成就和学者美德。所谓“长江后浪推前浪”，亦所谓“青出于蓝而胜于蓝”者云云，当作如是理解罢。

且记且念，以为跋焉。

万俊人　谨记

急就于丙申年年末隆冬，改定于丁酉元宵次日，京郊悠斋

图书在版编目(CIP)数据

政治与美德/万俊人著. —北京：北京师范大学出版社，2017.6

ISBN 978-7-303-22398-5

Ⅰ. ①政… Ⅱ. ①万… Ⅲ. ①伦理学—研究 Ⅳ. ①B82

中国版本图书馆 CIP 数据核字(2017)第 120879 号

营销中心电话 010-58805072 58807651

北师大出版社高等教育与学术著作分社 http://xueda.bnup.com

ZHENGZHI YU MEIDE

出版发行：北京师范大学出版社 www.bnup.com

北京市海淀区新街口外大街 19 号

邮政编码：100875

印 刷：鸿博昊天科技有限公司

经 销：全国新华书店

开 本：890mm×1240mm 1/32

印 张：8.75

字 数：170 千字

版 次：2017 年 6 月第 1 版

印 次：2017 年 6 月第 1 次印刷

定 价：48.00 元

策划编辑：唐闻笳 责任编辑：韩 拓

美术编辑：王齐云 装帧设计：王齐云

责任校对：陈 民 责任印制：马 洁